Romanistische
Arbeitshefte   53

Herausgegeben von
Volker Noll und Georgia Veldre-Gerner

Annette Gerstenberg

Arbeitstechniken für Romanisten

Eine Anleitung für den Bereich Linguistik

2., überarbeitete Auflage

De Gruyter

ISBN 978-3-11-031014-6
e-ISBN 978-3-11-031179-2
ISSN 0344-676X

Library of Congress Cataloging-in-Publication Data
A CIP catalog record for this book has been applied for at the Library of Congress.

Bibliografische Information der Deutschen Nationalbibliothek
Die Deutsche Nationalbibliothek verzeichnet diese Publikation in der Deutschen Nationalbibliografie; detaillierte bibliografische Daten sind im Internet über http://dnb.d-nb.de abrufbar.

© 2013 Walter de Gruyter GmbH, Berlin/Boston

Gesamtherstellung: Hubert & Co. GmbH & Co. KG, Göttingen
∞ Gedruckt auf säurefreiem Papier

Printed in Germany

www.degruyter.com

Inhalt

1 Einleitung 1
2 Orientierungen 3
2.1 Gute wissenschaftliche Praxis und Plagiate 3
2.1.1 Zwei Prinzipien: Nachprüfbarkeit und Redlichkeit 4
2.1.2 Tipps: Planen statt ‹Copy-Paste› 5
2.2 Schwierigkeiten 6
3 Die Arbeitsphasen 9
3.1 Die Themenfindung 9
3.1.1 Vorbereitung 10
3.1.2 Die Rolle der Sekundärliteratur 10
3.1.3 Empirische Arbeiten 11
3.1.4 Anwendungsbezogene Arbeiten 12
3.2 Ein Zwischenschritt auf dem Weg zur Hausarbeit: Referate ... 12
3.2.1 Vorbereitung 12
3.2.2 Vortragsstil 13
3.2.3 Projektionsmedien 15
3.2.4 Handouts 16
3.2.5 Kombination von Medien 17
3.2.6 Nachbearbeitung des Referats 18
3.3 Die Literaturarbeit 18
3.3.1 Schreibendes Lesen: Exzerpieren 19
3.3.2 Exkurs: Texterschließung in der Prüfungsvorbereitung 20
3.4 Die Gliederung wissenschaftlicher Arbeiten 21
3.4.1 Einleitung 22
3.4.2 Grundlagen: Theorie, Terminologie, Kontext 22
3.4.3 Vorstellung des Materials 23
3.4.4 Analyseschema 24
3.4.5 Analyse 25
3.4.6 Diskussion der Ergebnisse 25
3.4.7 Abschließendes Kapitel 26
3.4.8 Bibliographie 27
3.4.9 Anhang 27
3.5 Der Schreibprozess 28
3.5.1 Wissenschaftsstil 28
3.5.2 Zitieren und Verweisen 29
3.5.3 Vier Arten von Verweisen 29
3.5.4 Wie oft und wie viel soll zitiert werden? 31
3.5.5 Einbinden von Sprachbeispielen 32

3.5.6	Fußnoten	33
3.6	Die Formatierung	34
3.6.1	Objektsprache und Metasprache	34
3.6.2	Hervorhebungen	35
3.6.3	Abbildungen und Tabellen	36
3.6.4	Sonderzeichen	37
3.6.5	Abkürzungen	37
3.6.6	(Automatische) Formatierung	37
3.7	Die Korrekturphase	39
3.7.1	Schreiben und Streichen	39
3.7.2	Lesedurchgänge	40
3.7.3	Hilfe bei den Korrekturarbeiten	40
	Arbeitsaufgaben zu Kapitel 3	41
4	Suche und Auswertung von Sekundärliteratur	43
4.1	Literatursuche	43
4.1.1	Einführungsdarstellungen	44
4.1.2	Handbücher	44
4.1.3	Bibliographien	45
4.1.4	Schneeballsystem	46
4.2	Literatursuche im Internet	46
4.2.1	Stichwörter und Schlagwörter	47
4.2.2	Bibliothekskataloge	48
4.2.3	Fachdatenbanken	49
4.2.4	Inhaltsverzeichnisse von Zeitschriften	49
4.3	Zitierfähigkeit (auch von Internetdokumenten)	49
4.3.1	Wissenschaftliche Arbeitsweise und Nachprüfbarkeit der Quellen	50
4.3.2	Herkunft und Autorschaft	50
4.3.3	Textfunktion und Adressaten	51
4.3.4	Wikipedia	51
4.3.5	Enzyklopädische Nachschlagewerke	52
4.4	Bibliographische Konventionen	53
4.4.1	Programmgestützte Literaturverwaltung	53
4.4.2	Weitere Konventionen	54
4.4.3	Siglen	57
4.4.4	Selbstständige und unselbstständige Publikationen	57
4.5	Wissenschaftliche Textsorten und bibliographische Einträge	58
4.5.1	Aufsatz	58
4.5.2	(Kommentierte) Edition	58
4.5.3	Fachwörterbuch	59
4.5.4	(Aufsatz in einer) Festschrift	59
4.5.5	Grammatik	60
4.5.6	(Aufsatz in einem) Handbuch	61

4.5.7	(Aufsatz in) Kongressakten (*Proceedings*)	62
4.5.8	Miszelle	62
4.5.9	Monographie	63
4.5.10	Rezension	64
4.5.11	(Aufsatz in einem) Sammelband	64
4.5.12	Sprachatlas	64
4.5.13	Wörterbuch	65
4.5.14	Zeitschrift und Zeitschriftenaufsatz	65
4.6	Publikationen im Internet und internetspezifische Textsorten	66
4.6.1	Hypertextdokumente	68
4.6.2	Programme	68
4.6.3	Korpora	68
4.6.4	Literaturdatenbanken	69
4.6.5	Weitere Formate	69
4.7	Weitere medienspezifische Konventionen	70
4.7.1	Typoskripte	70
4.7.2	Mikrofilm und Mikrofiche	70
4.7.3	CD-ROM und E-Book	71
4.7.4	Filme und Musik	71
4.7.5	Die Arbeit mit Wörterbüchern und Grammatiken	72
	Arbeitsaufgaben zu Kapitel 4	72
5	Die Arbeit mit Editionen historischer Texte	75
5.1	Autor und Text	75
5.2	Typen von Editionen – und ihre Auswahl	76
5.2.1	Adressatenkreis	77
5.2.2	Aufbereitung der Texttradition	77
5.2.3	Auswahl	79
5.3	Textgrundlagen: Medien	79
5.4	Varianten und Fehler	80
5.5	Aufbau einer wissenschaftlichen Edition	80
5.5.1	Einleitung	80
5.5.2	Transkriptionskriterien	81
5.5.3	Weitere Bausteine einer wissenschaftlichen Edition	83
5.6	Textdatenbanken und digitale Archive	83
	Arbeitsaufgaben zu Kapitel 5	84
6	Benutzung von Korpora und Datenbanken	85
6.1	Korpus und Korpuslinguistik	85
6.2	Korpuslinguistische Forschungsinteressen	86
6.3	Datenformat und Annotation	88
6.4	Verfahren und Werkzeuge der Korpusanalyse	90
6.4.1	Type-token relation und Hapax legomena	91

6.4.2	Konkordanzen	93
6.4.3	Wortartenerkennung, Lemmatisierung und Parsing	93
6.5	Internetkorpora («Googleology is bad science»)	95
6.6	Quantitative Auswertung	96
6.6.1	Sprachdaten	96
6.6.2	Statistikprogramme	97
6.6.3	Quantitative Auswertung	97
6.6.4	Deskriptive Statistik	98
6.6.5	Inferenzstatistik	99
6.6.6	Multivariate Verfahren	100
	Arbeitsaufgaben zu Kapitel 6	101
7	Sprachaufnahmen	103
7.1	Planungsfragen	103
7.1.1	Art der Sprachaufnahme	103
7.1.2	Dokumentation: Ton und / oder Bild	106
7.1.3	Pré-Enquête	107
7.1.4	Auswahl und Kontaktierung der Informanten	108
7.1.5	Information der Befragten	109
7.1.6	Angaben zur Person	110
7.1.7	Protokollbogen	110
7.1.8	Autorisierte Verwendung der Daten	111
7.2	Interviewsituation	112
7.3	Transkription von Sprachdaten	113
7.3.1	Transkriptionsprogramme	115
7.3.2	Zeichensystem	115
7.3.3	Einzelprobleme der Transkription	117
7.3.4	Phonetische Analysen	118
	Arbeitsaufgaben zu Kapitel 7	119
8	Die Erstellung eines eigenen Arbeitskorpus	121
8.1	Quellenverzeichnis	122
8.1.1	Blogs und Online-Medien	122
8.1.2	Social Media	123
8.2	Anonymisierung	123
8.3	Sicherung der originalen Erscheinungsform	124
8.4	Aufbereitung und Annotation eines Arbeitskorpus	124
	Arbeitsaufgaben zu Kapitel 8	125
9	Bibliographie: Sekundärliteratur, Programme, Korpora	127
9.1	Methodische Einführungen	127
9.2	Programme und Ressourcen	127
9.3	Korpora und Datenbanken	128
9.4	Zitierte Titel	129

10	Register	135
11	Anhang	139
11.1	Sonderzeichen mit ASCII und UNICODE	139
11.2	Bedeutung deutscher und lateinischer Abkürzungen	140

1 Einleitung

Dieses Arbeitsheft widmet sich den Fragen, die besonders zu Beginn des Studiums durch die Anforderungen der selbstständigen Arbeit aufgeworfen werden. Beim Verfassen von Hausarbeiten und Referaten sind bereits in den ersten Semestern Kenntnisse über den Umgang mit Sekundärliteratur oder mit Sprachbeispielen erforderlich. In der Lehre bleibt aber oft wenig Zeit, um damit zusammenhängende Fragen ausführlich zu erörtern.

Das vorliegende Arbeitsheft ist als Orientierungshilfe für diese Anforderung des selbständigen Arbeitens konzipiert. Dabei werden die Konventionen und Beispiele aus dem Bereich der romanischen Sprachwissenschaft gewählt. Das Arbeitsheft kann nicht alle denkbaren Fragestellungen vorwegnehmen und eine konkrete Handlungsanweisung entwickeln: Es ist kein Wegweiser, der die Richtung vorgibt und damit Entscheidungen abnimmt. Vielmehr soll das Arbeitsheft dabei helfen, den eigenen Weg zum jeweiligen Ziel selbstständig zu wählen. Dies setzt voraus, dass mögliche Weggabelungen überhaupt erkannt werden. Genau dabei will diese Einführung Orientierung ermöglichen, indem sie deutlich macht, welche Entscheidungen wissenschaftliche Methodik ausmachen und welche Argumente dabei in Erwägung zu ziehen sind. Außerdem werden Beispiele gegeben, wie die jeweils getroffenen Entscheidungen umgesetzt und erläutert werden können.

Besonders in den Kapiteln über die Arbeit mit Sprachmaterialien und ihre quantitative Auswertung konzentriert sich die Darstellung darauf, die wichtigsten Grundbegriffe und Arbeitsschritte vorzustellen. Diese Orientierung soll einen Überblick ermöglichen, um die Vorstellung der eigenen Herangehensweise zu konkretisieren. Außerdem erfolgen weiterführende Literaturhinweise.

Im Arbeitsheft werden unterschiedliche Computerprogramme erwähnt. Dabei ist festzuhalten, dass keine Anleitung zum korrekten Benutzen der gängigen Programme der Textverarbeitung beabsichtigt ist; auf ausgewählte, besonders wichtige Verfahren wird jedoch hingewiesen und ggf. erfolgen weiterführende Literaturangaben. Im Text werden keine Links eingefügt, aber zu den wichtigen besprochenen Ressourcen im WWW finden sich im Literaturverzeichnis vollständige Angaben, die auch die Internetadresse beinhalten.

Das Arbeitsheft ist so konzipiert, dass es entweder von Anfang bis Ende durchgelesen oder – je nach Interesse – kapitelweise konsultiert werden kann. Zur Vertiefung schließt jedes Kapitel mit Beispielaufgaben. Zusätzlich werden auf der Webseite zum Buch, die über die Homepage des Verlags erreichbar ist, weitere Materialien zur Verfügung gestellt und Onlineressourcen verlinkt.

In diesem Arbeitsheft werden einige Literaturempfehlungen gegeben, die sich meist auf andere Darstellungen zu Fragen des wissenschaftlichen Arbeitens beziehen. Auf die Empfehlung von fachlichen Einführungen, Grammatiken, Wörterbüchern und sprachwissenschaftlichen Grundlagentexten wird verzichtet, weil die romanistischen Seminare und Institute hier sehr unterschiedliche Schwerpunkte setzen. Zudem wird im Allgemeinen in jeder Lehrveranstaltung eine Bibliographie oder ein Reader ausgegeben, deren aktive Verwendung empfohlen wird.

Den Studierenden in Jena, Saarbrücken und Bochum, die in den vergangenen zehn Jahren meine Seminare besuchten, möchte ich herzlich danken für Nachfragen und Ideen. Für Kommentare zu früheren Versionen des Arbeitsheftes danke ich Gerald Bernhard, Nicolai Bissantz, Elmar Eggert, Ludwig Fesenmeier, Christiane Maass, Wiltrud Mihatsch und Wolfgang Schweickard; für Korrekturdurchgänge und Überlegungen danke ich Sophie Engelen, Natascha Müller und Eva-Maria Stöber. Für anregende Diskussionen methodischer Fragen über Fächergrenzen hinweg danke ich Andrea Grill, Claudia Peter und Freya Schwarzbach. Den Reihenherausgebern, danke ich für die Aufnahme des Textes in die Reihe der Romanistischen Arbeitshefte und für ihre Anregungen.

Ulrike Krauß danke ich für die engagierte verlagsseitige Betreuung des Projektes. Bis zur Fertigstellung des Manuskripts dieser zweiten Auflage lagen mir die Rezensionen von Silke Jansen,[1] Katharina Leonhardt[2] und Anselm Terhalle[3] vor. Ihnen sei für ihre positive Aufnahme und konstruktive Kritik, die zur Verbesserung der vorliegenden Überarbeitung beigetragen hat, gedankt. Auch Sybille Große und Harald Völker gaben wichtige Hinweise.

Für die zweite Auflage wurden im gesamten Text notwendige Aktualisierungen vorgenommen, einige Kapitel wurden umstrukturiert und Passagen hinzugefügt. Neu konzipiert ist das Kapitel «Orientierungen»: Durch eine breite Diskussion prominenter Plagiatsfälle gewann das Thema der wissenschaftlichen Arbeitsweisen seit Erscheinen dieses Arbeitsheftes weiterhin an Relevanz. Die zweite Auflage soll das Bewusstsein dafür stärken, dass Plagiaten nicht einfach oberflächliche Formfehler vorzuwerfen sind.

Die Empörung über wissenschaftliche Plagiate in der öffentlichen Diskussion ist der Reaktion auf Dopingfälle im Sport nicht unähnlich. Auch wenn jeder weiß, dass der Konkurrenzdruck im Sport wirtschaftlichen Motiven folgt, sind die Fans nicht vom Kontostand der Sportler begeistert, sondern von der Idee des Wettbewerbs auf hohem Niveau, der ohne Fairness und spielerisches Können seine Attraktion verliert. Um den Vergleich weiter zu führen: Im Studium soll genug eigenes Können aufgebaut werden, damit auf allen Niveaus Referate, Hausarbeiten, Abschlussarbeiten und weitere Qualifikationsarbeiten selbstbewusst und ohne ungesetzliche Tricks abgefasst und unterschrieben werden können.

Das Interesse an der Herkunft wissenschaftlicher Ideen setzt sich fort in der Behandlung der ausgewerteten sprachlichen Primärmaterialien. Mündliche und schriftliche Quellen aus heutigen und vergangenen Tagen werden mit Respekt vor ihren Entstehungs- und Überlieferungsbedingungen gesammelt. Dies gilt unter geänderten Vorzeichen besonders im Zeitalter der elektronischen Datenverarbeitung, die bei der scheinbar leichten Verfügbarkeit sprachlicher Daten gesteigerte Aufmerksamkeit für die Fragen nach ihrer Herkunft, nach den programmabhängigen Veränderungen der Datenstruktur und den Grenzen der Interpretierbarkeit erfordert. Sprachliche Zeugnisse sind ein empfindlicher Untersuchungsgegenstand, der nach Sorgsamkeit bei der Dokumentation des Fundorts sowie bei der Aufbewahrung und Erschließung verlangt.

---

[1] *Zeitschrift für romanische Sprachen und ihre Didaktik* 4 (2010): 162–167.
[2] *Romanische Forschungen* 122 (2010): 128–130.
[3] *Romanistisches Jahrbuch* (2011): 262–264.

2 Orientierungen

In den folgenden Abschnitten werden Grundlagen des wissenschaftlichen Schreibens als Kernbereich des geisteswissenschaftlichen Arbeitens behandelt. Die öffentliche Diskussion um Plagiate soll nicht zum Anlass genommen werden, eine Drohkulisse möglicher Strafen aufzubauen, sondern den tiefen Widerspruch zwischen wissenschaftlicher Motivation und heimlicher Ausnutzung von Texten anderer deutlich zu machen. Kompetenz im wissenschaftlichen Arbeiten macht Plagiate und andere Formen des Verfälschens überflüssig.

2.1 Gute wissenschaftliche Praxis und Plagiate

Wissenschaftliches Schreiben ist ein wichtiger Teilbereich des wissenschaftlichen Arbeitens. Wissenschaftliches Schreiben heißt, mit einem Gegenüber zu kommunizieren, dessen Gedanken sich zunächst ohne persönliche Bekanntheit und ohne Direktkontakt nur aus seinen Schriften erschließen. Die Ergebnisse dieser Auseinandersetzung werden mit weiteren Texten abgeglichen. In diesem Prozess findet sich der eigene Standpunkt, als Voraussetzung des eigenen Vorhabens und weitergeführt bei seiner Umsetzung. Wer wissenschaftlich arbeitet, bezieht also Position zwischen vorangehenden und folgenden Arbeiten. Wenn diese Positionierung unterbleibt, ist kein Fortschritt möglich.

Eine solche Art von Austausch von Text zu Text kommt spielend mit einer Verzögerung zurecht – es kann Jahre her sein, dass ein Konzept entwickelt oder ein Fachwort definiert wurde, auf das im Augenblick des Schreibens zurückgegriffen wird. Dieses Gespräch über Zeit und Raum hinweg, mit dem Ziel, in einem wissenschaftlichen Text einen eigenen Beitrag zur Verfügung zu stellen, findet zwischen Lesen und Schreiben statt. Die Entwicklung eines Gedankens vollzieht sich in Rede und Antwort, im Verstehen von Texten und im Entgegnen eigener Überlegungen.

Dem Schreiben geht das Sammeln und Auswerten von Informationen voraus. Dafür gibt es Regeln, die zusammengenommen die Wissenschaftlichkeit einer Arbeit garantieren. Auf diese Grundlagen der wissenschaftlichen Arbeit soll im Folgenden eingegangen werden. Wenn sie nicht beachtet werden, treten Störungen auf, zu denen Plagiate gehören, also die Übernahme von Ergebnissen anderer, die ohne Kennzeichnung ihrer Quelle für eigene ausgegeben werden. Im Folgenden soll es nicht darum gehen, wie man solche Plagiate am besten aufdeckt oder mit welchen Strafen zu rechnen ist. Im Gegenteil soll es darum gehen, die Ursachen für Plagiate zu vermeiden. Wenn von vornherein genug Sicherheit und Respekt im Umgang mit den Quellen und ihrer Nutzbarmachung für die eigene Arbeit aufgebaut werden, werden Plagiate überflüssig.

Wissenschaftliches Arbeiten kann gewinnbringend eingesetzt werden. Ein Doktortitel kann in gewissen Situationen beeindrucken, direkt oder indirekt lassen sich Forschungsergebnisse zu Geld machen. Daraus entsteht ein verstärkter Konkurrenzdruck, der die Übernahme des Gedankenguts eines anderen zunächst als einfache Lösung erscheinen lassen kann. Aber im geschäftigen Wissenschaftsbetrieb sind es doch immer noch zu allererst die Neugier, der ganz zweckfreie Wissensdrang und die Freude am Austausch, die jede Arbeit voranbringen. Damit ist es ganz und gar unvereinbar, mit kleinen Tricks oder geplanten Täuschungen großen Stils kurzfristige Effekte zu erzielen.

Rieble (2010: 79) erinnert in seiner juristischen Untersuchung des Wissenschaftsplagiats an den Ursprung des Worts *Professor* von lat. PROFITERI 'sich öffentlich bekennen'. Die so verstandene Rolle des Professors können wir als repräsentativ sehen für jede Art wissenschaftlicher Betätigung. So bezieht Rieble (ib.: 80) seine Überlegungen insgesamt auf den wissenschaftlichen Autor, «der für seine Erkenntnis, seine Argumente und die Sorgfalt seiner Experimente mit dem eigenen Namen einstehen muß. Das verlangt die wissenschaftliche Verantwortung für die eigene Publikation».[4]

Wissenschaftliches Arbeiten führt zu Veröffentlichungen, zuerst in Form von Belegarbeiten innerhalb der Universität und später für ein breiteres Publikum. Wofür steht der Name auf der Veröffentlichung? Es geht bei der Vermeidung von Plagiaten nicht nur darum, die Rechte eines anderen zu achten, sondern zuerst um die Selbstachtung.

2.1.1 Zwei Prinzipien: Nachprüfbarkeit und Redlichkeit

Zwei Prinzipien sollen noch erläutert werden, die zugleich Gelegenheit geben, die Antwort wissenschaftlicher Organisationen auf die Plagiatsdebatte genauer anzusehen.

Das erste Prinzip ist die wissenschaftliche Nachprüfbarkeit. Damit die Ergebnisse wissenschaftlicher Arbeit nachprüfbar sind, müssen die einzelnen Arbeitsschritte dokumentiert werden und alle zitierten Informationen belegt werden. Diese Vorgehensweise hat die Deutsche Forschungsgemeinschaft als Prinzipien «guter wissenschaftlicher Praxis» ausformuliert (DFG 1998).

Das zweite Prinzip ist die Redlichkeit, die wissenschaftlicher Arbeit zu Grunde liegt und die Eigenverantwortung auch dann wach hält, wenn Spielräume für die mehr oder weniger genaue Arbeit bestehen.

Den Begriff der Redlichkeit stellt ein Positionspapier, das auf der Internetseite des Deutschen Hochschulverbands (DHV 2012) publiziert wurde, in den Mittelpunkt. Hier wird zur Redlichkeit formuliert: «Wissenschaft ist die Suche nach Wahrheit. Der redliche Umgang mit Daten, Fakten und geistigem Eigentum macht die Wissenschaft erst zur Wissenschaft. Die Redlichkeit in der Suche nach Wahrheit und in der Weitergabe von wissen-

---

[4] Mit dieser Argumentation, die auf einen «täterbezogenen Plagiatsbegriff» hinausläuft, wird auch die Beurteilung von Grenzfällen des Urheberrechts erleichtert: Wenn der Maßstab die «positive Verantwortung für das eigene Werk ist», dürfen auch Autoren, deren Urheberrecht (70 Jahre nach ihrem Tod) erloschen ist, nicht ungenannt zitiert werden; weder dürfen Texte von Ghostwritern noch von Untergebenen (Assistenten) übernommen werden; die Herkunft auch von Ideen muss nachgewiesen werden (Rieble 2010: 110).

schaftlicher Erkenntnis bildet das Fundament wissenschaftlichen Arbeitens. Anspruch auf Teilhabe am wissenschaftlichen Diskurs haben solche Wissenschaftler, die die Regeln guter wissenschaftlicher Praxis respektieren. Mit Fehlverhalten ist eine Grenze überschritten, die Wissenschaftliches und Unwissenschaftliches trennt» (DHV 2012: 2).

2.1.2 Tipps: Planen statt ‹Copy-Paste›

Wenn der Abgabetermin unmittelbar bevorsteht, und weder Primär- noch Sekundärquellen gesichtet sind, entsteht eine Notlage. Diese Situation ist sicher erklärbar und bedrängend, aber der scheinbar leichte Ausweg, eine fertige Arbeit zu kaufen oder großflächig abzuschreiben, sollte aus der Liste der akzeptierten Möglichkeiten so schnell wie möglich gestrichen werden.

Wie können zeitliche Engpässe vermieden werden? Empfehlenswert sind die folgenden Strategien.

- Erfassen Sie so früh wie möglich im Studium die Zahl der Seminararbeiten, die zu schreiben sind.
- Verteilen Sie die Seminararbeiten gleichmäßig auf die kommenden Semester.
- Schreiben Sie so früh wie möglich die erste Seminararbeit, damit ggf. eine Ablehnung als Chance wahrgenommen werden kann, sich zu verbessern, und sei es in einem späteren Seminar.
- Erkundigen Sie sich bei den Dozenten und anderen Studierenden nach dem erforderlichen Aufwand für die einzelnen Typen von Seminararbeiten, damit Sie Ihre Planung auch umsetzen können.
- Wenn Ihr Plan für das kommende Semester eine Hausarbeit vorsieht, erkundigen Sie sich frühzeitig, auch in der Sprechstunde, nach den genauen Anforderungen.
- Nutzen Sie Referate und die Seminardiskussion gezielt im Hinblick darauf, Ihre Vorstellung vom Thema der Hausarbeit und seiner Umsetzung zu klären.
- Erarbeiten Sie noch während des Semesters eine Arbeitsbibliographie (→ Kap. 3.3) und legen Sie diese so rechtzeitig dem Betreuer vor, dass Sie bei Problemen noch eine Semestersprechstunde konsultieren können und sich gezielt auf weitere einschlägige Texte hinweisen lassen können.
- Wenn die Phase der Auswertung Ihrer Literaturliste beginnt: Schreiben Sie auf jedes Exzerpt (auf jede Sammlung von Zitaten, auf jede Zusammenfassung) zuerst die vollständige Literaturangabe. Wenn Sie kopieren oder scannen, achten Sie darauf, dass auch die Titelseiten mit den bibliographischen Informationen (Verlag, Erscheinungsjahr usw.) erfasst sind, oder schreiben Sie die Quellenangabe handschriftlich auf einen Zettel, den Sie mitkopieren oder -scannen. Diese Erfassung der Quellenangabe sollte sich im Verlauf Ihres Studiums vollständig automatisieren.
- Stellen Sie sich im gesamten Verlauf der Arbeit die einfachen Fragen: Was will ich sagen? Worum geht es mir? Welches Problem diskutiere ich? Je klarer Sie Ihren eigenen Standpunkt erkennen, desto genauer können Sie auch benennen, wo Sie auf anderen

Arbeiten aufbauen oder sich von diesen abgrenzen – und dies auch durch die angemessene Form der direkten oder paraphrasierenden Zitation kenntlich zu machen (→ Kap. 3.5.2).
- Sprechen Sie über Ihr Thema, stellen Sie es anderen und sich selbst vor. Das laute Aussprechen hilft dabei, die eben genannten einfachen Fragen in den Mittelpunkt zu stellen. Dann wird es auch beim Schreiben leichter sein, den berühmten roten Faden nicht zu verlieren. Nicht zuletzt fügen Sie in der mündlichen Darstellung die Fachwörter in eigene Sätze ein, bzw. es wird Ihnen deutlich, wo etwas fehlt – und zwar bevor es zu spät ist!

2.2 Schwierigkeiten

Zahlreiche Hindernisse können die Erarbeitung und vor allem den Abschluss einer wissenschaftlichen Arbeit verzögern. Solche Schwierigkeiten zu überwinden und mit sich selbst zurecht zu kommen, in einen sinnvollen Arbeitsrhythmus zu finden und zu lernen, die eigenen Ideen durch kleinschrittige Arbeit zu entfalten ist ein mindestens so wichtiger Lerninhalt des Studiums wie das Fachwissen.

Wenn nach den Ursachen von Schreibblockaden und anderen Problemen gefragt wird, können diese bearbeitet werden. Die Suche nach den Ursachen fängt im Alleingang an, mit Selbsterkenntnis – aber bevor die Grübelschleife sich verknotet, sollte nach Unterstützung gesucht werden. Es viele Möglichkeiten, konstruktive Hilfen zu erhalten, sei es im Freundeskreis, in der Sprechstunde oder bei entsprechenden Einrichtungen der Universität (Schreibzentren, Tutorien, Propädeutika…). Zudem gibt es spezialisierte Ratgeber.[5]

Leider ist die Belastung durch Stressphänomene im Studium bedenklich hoch. Während dies einerseits immer Anlass geben muss, die Abläufe der Studienorganisation zu hinterfragen, bedeutet dies andererseits, dass heute zahlreiche spezialisierte Beratungsstellen zu finden sind. Viele Universitäten haben ein breites Angebot psychologischer Hilfen, die von Gruppentreffen über Einzelberatung bis hin zur Vermittlung an ausgebildete Therapeuten reicht. Es ist sehr wahrscheinlich, dass die eigenen Schwierigkeiten nicht einzigartig sind und dass daher schon gute Gegenmittel gefunden wurden – sie müssen nur genutzt werden.

Nehmen Sie also Schwierigkeiten nicht als gegeben hin, sondern als Herausforderung an. Einige Anregungen für die typischen Störfälle:

- Ist die Ursache des Problems, dass der Wald vor lauter Bäumen nicht mehr zu sehen ist?

---

[5] Als fünf häufige Störungsformen des wissenschaftlichen Schreibens wurden «Konzeptbildungsprobleme bei frühzeitigem Starten», «Probleme beim Zusammenfassen», «unstimmige Konzepte, verbunden mit spätem Starten», «Probleme mit dem inneren Adressaten» und «der nicht verfügbare Adressat» herausgearbeitet. In Keseling (2003) finden sich ein Fragebogen sowie Beschreibungen dieser Formen und Strategien zu ihrer Überwindung.

Dann hilft Abstand, ein Spaziergang, vielleicht ein geduldiger Zuhörer, der hartnäckig nach dem roten Faden fragt.
– Ist die Ursache des Problems, dass sich die vielen Einzelerkenntnisse nicht zu einem schlüssigen Konzept fügen wollen? Dann kann es helfen, abstrahierende Darstellungen (Mindmaps) auszuprobieren, oder einzelne Begriffe werden auf Karteikarten geschrieben, inhaltlich passend zusammengelegt und dann in eine Ordnung gebracht.
– Bleibt das weiße Blatt Papier hartnäckig weiß? Dann sollte der Anspruch etwas heruntergeschraubt werden. Es kann helfen, auf ein Schmierpapier zunächst plan- und ziellos Stichwörter, die mit dem Thema zusammenhängen, zu notieren und dabei zuerst mehr auf Masse als auf Qualität zu achten. Danach kann gefiltert werden, und es bleibt sicher etwas Sinnvolles übrig.[6]
– Führt die gewählte Methode nicht zu den gewünschten Ergebnissen? Dann sind inhaltliche Aufschlüsse zu erwarten, welche eine Präzisierung der Fragestellung oder die Änderung der Methode erforderlich machen. Dabei handelt es sich dann nicht um eine Störung, sondern um einen Fortschritt! Auch um solche konzeptuellen Verbesserungen zu ermöglichen, ist es sehr wichtig, auf den Punkt zu bringen, warum die Arbeit ins Stocken geraten ist.
– Kleine Schritte statt große Sprünge: Nehmen Sie sich für die einzelnen Arbeitsphasen nicht zu viel vor. Besonders bei Anlaufschwierigkeiten sollten Sie Ihr Vorhaben möglichst konkret formulieren. Also statt «erstes Kapitel schreiben» beim Start in den Tag lieber «Arbeitsbibliographie erstellen», «Standorte prüfen» oder «Aufsatz XY lesen und exzerpieren». So finden Sie fast von allein in den Schreibprozess des eigenen Textes hinein.

---

[6] Zahlreiche Anregungen und Übungen, die zur Lockerung der Schreibhand – sei es auf der Tastatur oder vor dem weißen Blatt Papier – beitragen, finden sich in Werder (1995).

3 Die Arbeitsphasen

Wissenschaftliche Texte werden geschrieben, weil am Anfang eine Idee steht, die auf eigenes Interesse oder auf eine Aufgabe zurückgeht. In der Anfangsphase der wissenschaftlichen Arbeit wird diese Idee ausformuliert. Diese Themenfindung, in der antiken Rhetorik als INVENTIO bezeichnet, verdient besondere Aufmerksamkeit (→ Kap. 3.1).[7] In vielen Seminaren werden Referate zu zukünftigen Hausarbeiten gehalten, daher ist dieser Anforderung ein eigener Abschnitt gewidmet (→ Kap. 3.2).

Die Entwicklung der Fragestellung, d. h. die Präzisierung des Themas, wird im Verlauf der Literaturarbeit vorangebracht. Im vorliegenden Arbeitsheft ist dem Bereich der Literatursuche ein eigenes Kapitel gewidmet (→ Kap. 1), während die Auswertung der Literatur im Folgenden als Arbeitsphase behandelt wird (→ Kap. 3.3).

Je tiefer man sich in ein Thema einarbeitet, desto klarer wird die Vorstellung davon, welche begrifflichen Klärungen getroffen, welche Methoden erläutert und welche Analysen ausgeführt werden müssen. Auf diese Weise entsteht schon während der Literaturarbeit die erste Fassung der Gliederung (→ Kap. 3.4), die dann weiter differenziert und ausgebaut wird. Dieser Prozess ist auch dann noch nicht abgeschlossen, wenn die Arbeit am eigenen Text beginnt (→ Kap. 3.5). Besondere Probleme bereiten häufig die Fragen der abschließenden Formatierung, daher gibt es auch dazu ein eigenes Kapitel (→ Kap. 3.6).

In der Zeitplanung sollte eine großzügig bemessene Korrekturpause angesetzt werden (→ Kap. 3.7).

3.1 Die Themenfindung

Referats- oder Hausarbeitsthemen werden häufig zunächst allgemein formuliert vergeben, damit sich entsprechend den Interessen und den Möglichkeiten daraus nach und nach eine genauere Fragestellung herauskristallisiert. Im Allgemeinen gilt: Je genauer ein Thema formuliert ist, desto interessanter ist es.

Im Rahmen von Seminararbeiten können alle Formen der wissenschaftlichen Arbeit im eng umgrenzten Rahmen erprobt werden. Auch diese Form der Darstellung sollte mit dem Dozenten abgesprochen werden.

---

[7] Die lateinischen Begriffe INVENTIO, DISPOSITIO, ELOCUTIO und MEMORIA bezeichnen in der lateinischen Rhetorik die Phasen der Erarbeitung einer Rede. Werder (1995) überträgt diese Begrifflichkeit auf die Konzeption wissenschaftlicher Arbeiten.

3.1.1 Vorbereitung

Sprechstunden sind nicht nur dazu da, Themen abzusprechen, sondern auch dafür, sie einzugrenzen und zu konkretisieren. Im Vorfeld der Arbeit sollte sichergestellt werden, dass bezüglich der Interpretation und Ausgestaltung des vorgeschlagenen Themas keine Missverständnisse auftreten. Der Arbeitstitel sollte am besten in der Sprechstunde vereinbart werden. Der Titel sollte deutlich machen, dass ein eigener Akzent gesetzt wird und nicht allgemein bekannte Zusammenhänge referiert werden. Im Lauf der Arbeit kann sich gerade dieser Akzent verlagern – das ist ein Zeichen für den gewachsenen Kenntnisstand, vor allem, wenn die Fragestellung genauer wird und einzelne Aspekte begrenzt, aber vertieft behandelt werden. Wenn das der Fall ist, sollte der Titel angepasst werden, damit keine Widersprüche entstehen.

Zur Vorbereitung solcher Besprechungen hilft es, sich in ein Thema zuerst allgemein einzulesen und sicherzustellen, dass die Grundlagen des Teilgebiets bekannt sind. Wenn die Arbeit aus einer Lehrveranstaltung hervorgeht, sind bereits Fundamente gelegt, die z. B. in der Seminarbibliographie erläutert werden.

An dieser Stelle ist es sinnvoll, eine Liste mit Begriffen zu erstellen, die im Seminar gefallen sind, die in der Themenformulierung vorkommen oder damit in Zusammenhang stehen. Diese Fachwörter können dann im zweiten Schritt in linguistischen Wörterbüchern nachgeschlagen werden. Welche Grundkenntnisse erfordert das Thema? Je nach Studienphase empfiehlt es sich, das entsprechende Kapitel in der Einführung noch einmal nachzulesen oder, wenn das Studium fortgeschritten ist, einen einschlägigen Handbucharktikel zu konsultieren. Je besser Sie bereits im Thema orientiert sind, desto ergiebiger ist die Absprache in der Sprechstunde. Hier können dann weitere Vereinbarungen über den theoretischen Rahmen der Hausarbeit getroffen werden.

3.1.2 Die Rolle der Sekundärliteratur

Vor allem in den ersten Semestern sind vor allem solche Themen beliebt, die einen Problembereich vorwiegend auf Basis von Sekundärquellen darstellen. In diesem Fall ist oft nicht klar, wie die Anforderung, eine eigenständige Leistung zu erbringen, umgesetzt werden kann. Denn nicht zu jedem entlegenen Dialekt, der vielleicht im Rahmen einer Proseminarsarbeit interessant ist, können eigene Studien angefertigt werden, und eine wasserdichte Theorie kann ebenfalls nicht in wenigen Wochen entworfen werden.

Dennoch gibt es in jedem thematischen Bereich Möglichkeiten der eigenständigen Behandlung, und zwar selbst wenn hauptsächlich auf Basis von Sekundärliteratur gearbeitet wird. In diesem Fall sollte nicht einfach nur reproduziert werden. Im ersten Schritt können Leitfragen der Lektüre formuliert werden, die eine Konzentration auf einige Stellen zur Folge haben. Damit wird vermieden, dass breit nacherzählt wird. Diese Lektürefragen können auf unterschiedliche Texte übertragen werden. Auf diese Weise kristallisieren sich ergänzende oder auch widersprüchliche Aspekte innerhalb der Sekundärliteratur heraus.

Das eigene Interesse kann dann auf einander widersprechende Darstellungen oder konkurrierende Interpretationsansätze gerichtet werden. So entwickelt sich eine klare Fragestellung für die Arbeit, die darin besteht, die unterschiedlichen Positionen fundiert und präzise herauszuarbeiten und in einem abschließenden Diskussionskapitel die Argumente abzuwiegen, oder man kann möglichst genau benennen, welche Vorarbeiten noch geleistet werden müssten, bevor eine eindeutigere Bewertung möglich ist.

Je anspruchsvoller diese Arbeitsweise wird, desto mehr geht sie in die Entwicklung eines eigenen Ansatzes über. Dieser kann sich auch gänzlich auf die theoretischen Aspekte eines Problems beziehen und offene Fragen oder innere Widersprüche bestehender Theorien nicht nur diskutieren, sondern durch den Vorschlag einer eigenen Theorie voranbringen. Ansätze einer solchen theoriebildenden Arbeit können schon in frühen Phasen des Studiums gemacht werden. Durch die intensive Auseinandersetzung mit der Sekundärliteratur und durch sehr gründliche und vergleichende Literaturarbeit und ihre kritische Reflexion können auch in frühen Studienphasen weiterführende Ansätze entwickelt werden.

3.1.3 Empirische Arbeiten

Eng mit der Entwicklung der Themenstellung verknüpft ist die Frage, auf welcher Basis die Diskussion stattfinden soll. Sprache ist eine menschliche Fähigkeit und Tätigkeit, sie ist ein System, das auf verschiedenen Ebenen strukturiert ist, in ihrer Verwendung ist sie wandelbar und anpassungsfähig. Welche Sprache untersuchen wir also? Diese Frage muss von Fall zu Fall beantwortet werden. Die Auswahl oder Auffindung von sprachlichen Beispielen ist immer schon von dem jeweiligen Forschungsinteresse bestimmt.[8] Daher ist das Bewusstsein wichtig, dass stets nur ein Ausschnitt der sprachlichen Wirklichkeit in den Blick genommen werden kann – und wer eine Untersuchung beginnt, sollte diesen Zusammenhang von wissenschaftlichem Untersuchungsinteresse und Auswahl und Zusammenstellung von sprachlichen Materialien, an denen etwas gezeigt werden soll, so genau wie möglich klären und in der Darstellung erläutern.

In empirischen Arbeiten, d. h. wenn historische oder aktuelle Sprachdaten ausgewertet werden, ist der Anteil eigenständiger Arbeit leicht. In diesem Fall ist aber nicht nur die sorgfältige Zusammenstellung der entsprechenden Daten (→ Kap. 8) wichtig, sondern auch die klare Formulierung einer leitenden Hypothese und die theoretische Einbettung der Analysekriterien. In den ersten Semestern empfiehlt es sich, eine ähnlich orientierte Studie zum Vorbild zu nehmen und die dort angewendeten Analysekriterien auf eigenes Material anzuwenden.

---

[8] Schon Ferdinand de Saussure (1857–1913) beschreibt, dass der jeweilige Standpunkt (*point de vue*) bereits den Blick auf die betrachteten sprachlichen Einheiten (*entités*) bestimmt: «les premières et les plus irréductibles entités dont peut s'occuper le linguiste sont déjà le produit d'une opération latente de l'esprit» (Saussure 2002: 23).

3.1.4 Anwendungsbezogene Arbeiten

Seminararbeiten können auch einen ausgeprägten Anwendungsbezug haben: Nahe liegend ist die Entwicklung eines auf die Anwendung bezogenen Ansatzes im Bereich der Didaktik, wenn z. B. Unterrichtsentwürfe erarbeitet werden.

Aber es gibt zahlreiche weitere Möglichkeiten, die wissenschaftliche Arbeit mit einer konkreten praktischen Zielsetzung zu verbinden, wobei der jeweilige Seminarkontext eine wichtige Rolle spielt, aber bei entsprechender Eigeninitiative lassen sich auch in nicht explizit praxisbezogenen Seminaren konkrete Anwendungsmöglichkeiten finden. In diesem Sinne ist die folgende Liste von möglichen Arbeitsthemen sicherlich nicht erschöpfend.

- Edition eines Quellenausschnitts mit Kommentar: Die Arbeit mit historischen Primärquellen kann besonders motivierend sein, auch wenn sie die Vorbereitung in Bereichen wie historische Schriftkunde erfordert.[9]
- Die Erstellung einer Sammlung exemplarischer Wörterbuchartikel, die z. B. semantische Besonderheiten oder Kollokationen detailliert berücksichtigen.
- Das Entwickeln eines Annotationsschemas: Das oben beschriebene Problem der Operationalisierung kann möglicherweise nicht im Rahmen einer einzigen Arbeit erst diskutiert und dann angewendet werden. In diesem Fall könnte auf die Anwendung verzichtet werden, damit die Frage der Messbarkeit ausführlich diskutiert werden kann. Das bedeutet: Die Auswahl einer aussagekräftigen Variablen wird ausführlich begründet, und es wird detailliert erfasst, welche Varianten der Variablen in welchen Kontexten zuzuordnen sind. Daraus wird ein Annotationsschema entwickelt, z. B. im XML-Format (→ Kap. 6.3), in dem für relevante Attribute jeweils unterschiedliche Werte ausgewählt werden können.

3.2 Ein Zwischenschritt auf dem Weg zur Hausarbeit: Referate

3.2.1 Vorbereitung

Für Referate werden meist Themen vergeben, die noch etwas allgemein formuliert sind. Wie bei schriftlichen Arbeiten besteht also der erste Schritt der Vorbereitung darin, von Thema in eine Fragestellung zu finden. Diese Fragestellung wird möglichst genau formuliert, bevor die bibliographische Recherche und die Informationssuche beginnen und schließlich die Auswertung der Informationen folgt. Beim Referat ist danach die Aufbereitung der gewonnenen Materialien besonders wichtig. Diese Aufbereitung soll erstens strukturiert und zweitens anschaulich sein. Beachten Sie bei der Vorbereitung, dass das Zuhören

---

[9] Eine immer noch aktuelle Einführung in die historischen Hilfswissenschaften ist Brandt [18]2012.

leichter fällt, wenn anfangs die Grundidee und ihre Umsetzung in Teilschritten klar herausgearbeitet werden (→ Kap. 3.3).

Es gibt einige Unterschiede zu schriftlichen Arbeiten: Oft ist bei Referaten die Vorbereitungszeit kürzer, das heißt, das Thema muss noch stärker eingegrenzt werden – dafür kann der Titel plakativer formuliert werden, so dass er sofort Interesse weckt. Außerdem beginnt nach der Phase, in der sich eine strukturierte, informationsreiche Darstellung abzeichnet, die Arbeit an einer sinnvollen Präsentationsmethode. Um eine angemessene Präsentationsmethode zu finden, müssen zuerst die Rahmenbedingungen genau geprüft werden. Folgende Fragen helfen dabei:

– Wieviel Zeit steht zur Verfügung? Besonders, wenn das Thema des Referats in einer Hausarbeit vertieft werden soll, kann in der Vorbereitung in die Breite gearbeitet werden. Dann ist es aber in mehreren Probedurchläufen nötig, den Stoff genau auf die vorgesehene Präsentationszeit zu kürzen.
– Gibt es im Anschluss an den Vortrag eine interaktive Phase? In diesem Fall sollten Impulse für die Diskussion, Anwendungsbeispiele oder sogar Übungsaufgaben vorbereitet werden.
– Welche Medien stehen zur Verfügung? Ist es üblich, den Zuhörern Thesenpapiere oder Handouts zur Verfügung zu stellen?
– Hat das Referat die Aufgabe, grundlegende Zusammenhänge zu klären oder soll ein Fallbeispiel besprochen werden? Erst wenn über diese Zielsetzung des Referats Klarheit besteht, kann die Zeitplanung präzisiert werden und z. B. entschieden werden, wie viel Zeit für Begriffsklärungen verwendet wird.

Wenn beim Durchgehen dieser Rahmenbedingungen Zweifel aufkommen, sollten diese in Absprache mit dem Seminarleiter frühzeitig ausgeräumt werden. Dann kann mit der Umsetzung begonnen werden. Dabei schadet es nicht, von sich auf andere zu schließen: Welche Fachwörter waren Ihnen unbekannt? Vermutlich hilft es auch den Zuhörern, wenn Sie auf Definitionen und Konzepte eingehen, die Sie sich selbst erst erschließen mussten.

3.2.2 Vortragsstil

Es ist eine Frage der Übung, vor einer Gruppe von vielleicht unruhigen, vielleicht unkonzentrierten, vielleicht kritischen Zuhörern ruhig zu bleiben und ein komplexes Thema überzeugend darzustellen. Gelegenheit zum Üben bieten nicht nur die – im Studium doch eher seltenen – eigenen Referate. Auch Wortmeldungen im Seminar oder ggf. auch in der Vorlesung verlangen, dass frei und verständlich formuliert wird. Es hilft sehr, wenn man daran gewöhnt ist, die eigene Stimme vor Publikum zu hören.

Körperliche Reaktionen auf die Vortragssituation sind normal. Vor und in der Vortragssituation können sich Stressreaktionen wie hektische Flecken, klamme Hände und Schwitzen bemerkbar machen. Dagegen hilft es am besten, wenn vorbeugend häufig Gelegenheiten des öffentlichen Sprechens genutzt werden.

Außerdem kann die Beobachtung, dass solche Zeichen von anderen immer weniger deutlich wahrgenommen werden als vom Vortragenden selbst, zu einer gelassenen Haltung führen. Haltung und Persönlichkeit der Vortragenden zählen zu den drei wichtigen Faktoren, die Aristoteles in seiner Rhetorik herausarbeitet: «Von den Überzeugungsmitteln, die durch die Rede zustande gebracht werden, gibt es drei Formen: Die ersten nämlich liegen im Charakter des Redners, die zweiten darin, den Zuhörer in einen bestimmten Zustand zu versetzen, die dritten in dem Argument selbst, durch das Beweisen oder das scheinbare Beweisen» (Aristoteles 2002: 23). Die Kurzformel dieser drei Faktoren heißt Ethos, Pathos, Logos, womit auf den Charakter des Redners (Ethos), die Reaktion, die er beim Publikum hervorruft (Pathos) und die Überzeugungskraft seiner Darstellung (Logos) verwiesen wird. Die inhaltliche Vorbereitung ist demzufolge nur einer der wichtigen Aspekte, und es kommt auch auf eine überzeugende eigene Haltung an und darauf, dass Sie Ihr eigenes Interesse dem Publikum vermitteln können.

Vieles können Sie durch Beobachtung bei guten Vortragenden lernen, aber probieren Sie aus, was zu Ihrem eigenen Auftreten passt und versuchen Sie, Ihre eigenen Stärken herauszuarbeiten. Einige Tipps:

— Wenn die Atmung flach und die Stimme dünn wird, sollten Atemtechniken geübt werden: Bewusste Atmung trägt dazu bei, dass Stressreaktionen nicht überhand nehmen und dass die Stimme genug Kraft hat. Bauchatmung entspannt und garantiert einen ausreichenden Luftvorrat, während die flache Brustatmung schnell atemlos macht; das ruft den Eindruck von Hektik und mangelnder Souveränität hervor.
— Im Stehen kann am besten tief und ruhig geatmet werden. Ein stehender Vortragender kann zudem besser gesehen und gehört werden und selbst das Publikum besser wahrnehmen. Es besteht auch die Möglichkeit, einige Schritte zu gehen, um etwas anzuschreiben oder auf eine Abbildung zu zeigen. Das bringt eine willkommene Abwechslung, wenn es nicht zu ständigem, unruhigem Auf und Ab führt.
— Wie die äußere Erscheinung und Kleidung auf den Rahmen des Referats abgestimmt werden, so wird auch der sprachliche Stil der Situation angepasst. Zwischen Umgangssprache («ich sach' mal so») und förmlichen Ausdrucksweisen gibt es viele Zwischenstufen (Nähe- und Distanzsprache, cf. Koch / Oesterrreicher 2011), nach denen sich u. a. der Einsatz von Interjektionen, die Komplexität der Satzstruktur und die Sorgfalt der Aussprache richten. Gerade in Referaten sprachwissenschaftlicher Lehrveranstaltungen sollten diese sprachlichen Mittel bewusst und angemessen eingesetzt werden.
— Das Ziel ist es, einen freien und ansprechenden Vortrag zu halten, der zudem fachsprachlich richtig ist. Terminologisch korrekte Ausdrücke in einen selbstständig formulierten Text einzubinden, der leicht über die Lippen geht, ist nicht einfach. Wichtige Textpassagen können auf Karteikarten geschrieben werden, damit sie diskret in Erinnerung gerufen werden können.
— Es gibt keinen Grund, im Vortrag Angst vor der Leere (lat. *horror vacui*) bzw. vor Sprechpausen zu verspüren, denn ruhige Momente können ein Gewinn sein. Pausen zwischen den Abschnitten des Vortrags geben dem Publikum und dem Vortragenden Gelegenheit, sich auf das neue Thema einzulassen.
— Planen Sie in jedem Fall genug Zeit für eine Generalprobe ein, am besten in mehreren

Durchläufen. Am besten ist es, wenn bei dem Probedurchlauf jemand zuhört, der im Vortragsmanuskript einträgt, wie viel Zeit jeder einzelne Abschnitt benötigt. Dann kann im Nachgang zielgenau gekürzt oder ergänzt werden.
- Ein Probedurchlauf mit Publikum gibt zudem die Gelegenheit, den Umgang mit konstruktiver Kritik zu üben.

3.2.3 Projektionsmedien

Im Vortrag möchten Sie als Person mit Ihren Gedanken und den Informationen, die Sie aufbereitet haben, wahrgenommen werden. Die Projektion einer Folien-Präsentation sollte Sie und Ihren persönlichen Auftritt unterstützen, nicht überlagern. Inhaltlich ist zu überlegen, ob eine vollständige Präsentation geplant ist oder die Projektion einzelner, illustrierender Folien. Denn nicht jedes Thema eignet sich dafür, in Form einer vollständigen Präsentation in eine Serie von durch Spiegelstriche oder Pünktchen (engl. *bullets*) gegliederte Folien übersetzt zu werden; es besteht die Gefahr, dass komplexe Sachverhalte banalisiert werden.

Außerdem soll das freie Sprechen geübt werden, die Person des Vortragenden soll im Mittelpunkt stehen und das Publikum an sich binden: Es kann reichen, zu Beginn die Vortragsgliederung und im weiteren Verlauf an geeigneten Stellen eine Landkarte, eine Abbildung, einen Screenshot (→ Kap. 3.6.3), eine Tabelle, ein Zitat oder eine Frage für die Abschlussdiskussion an die Wand zu werfen.

Gerade dann gilt: Es muss nicht immer PowerPoint® sein! Dieses Programm ist zwar weit verbreitet, macht aber Probleme bei typographisch anspruchsvolleren Texten, welche z. B. verschiedene Anführungszeichen, Kapitälchen und phonetische Zeichen enthalten. Stattdessen kann in der gewohnten Textverarbeitung ein sauber formatiertes und gut lesbares Dokument erstellt werden, welches abschließend für den Vortrag in eine PDF-Datei umgewandelt wird. Textdateien können mit Hilfe von frei erhältlichen Programmen (so genannte *Converter*) in eine PDF-Datei gespeichert werden, aber die meisten Textverarbeitungsprogramme können direkt in das PDF-Format drucken.

PDF-Dateien haben den Vorteil, dass sie beim Aufruf stets das gleiche Erscheinungsbild haben, im Gegensatz zu Textdateien, bei denen sich die Ansicht oder z. B. der Seitenumbruch je nach den eingestellten Optionen ändern kann.

PDF-Dateien können als Vollbild (unter «Anzeige», «Strg» + «l») ohne störende Rahmen auf die Leinwand (oder an die Wand) projiziert werden. Für solche mit der Textverarbeitung erstellten Folien gelten die gleichen Empfehlungen wie für PowerPoint®:

- Jede Projektion beginnt mit einer Titelfolie, welche das Datum, den Titel, den Namen des Vortragenden und die Rahmen gebende Veranstaltung nennt.
- Auf der nächsten Folie kann die Gliederung des Vortrags vorgestellt werden.
- Für Folien wird das Querformat verwendet.
- Die Schriftgröße liegt nicht unter 24 pt.
- Dunkle Schrift auf hellem, glattem Hintergrund ist am besten lesbar.
- Folien enthalten Stichwörter, nicht ausformulierte Sätze.

- Zitate können in ganzen Sätzen wiedergegeben werden, sollten aber sinnvoll gekürzt werden. Nicht vergessen: Die Quellenangabe! Ein Kurzverweis am unteren Rand der Seite reicht aus.
- Wenn Stichwörter mit Aufzählungszeichen eingeleitet werden, müssen sie nicht noch zusätzlich durch Kommata abgetrennt werden.
- Alle Folien sind einheitlich gestaltet, Überschriften sowie der Inhalts- und Listentypen haben auf jeder Folie die gleiche Schriftart und -größe. Dafür stehen Formatvorlagen oder so genannte Folienmaster (in PowerPoint®) zur Verfügung.
- Eine großformatige Projektion eignet sich besonders gut für Graphiken und Abbildungen, welche das Gesagte veranschaulichen und mehr sagen als viele Worte. Auch Tonbeispiele können integriert werden.
- Das Literaturverzeichnis kann als letzte Folie integriert werden. Besser geeignet für dichte Texte wie die Bibliographie oder lange Zitate ist aber ein Handout.
- Für jede Folie sollten mindestens drei Minuten Vortragszeit zur Verfügung stehen. Dem Publikum muss nicht nur Zeit bleiben, die Inhalte zu verarbeiten, sondern seine Aufmerksamkeit auch der Person des Vortragenden zu schenken.
- Das Publikum betrachtet die Projektion an der Wand, der Vortragende kennt sie schon. Er dreht sich nur dann gezielt zur Wand, wenn er – mit ruhigen Gesten – auf etwas zeigt, idealerweise mit einem Laserpointer.

Beim Vortrag kann sich der Vortragende helfen lassen, indem er nicht selbst alle Medien steuert. Im Publikum wirkt es sehr unruhig, wenn der Redner sich immer wieder der Tastatur oder der Maus zuwendet, um auf die nächste Folie zu schalten. Abhilfe schafft eine Fernbedienung bzw. ein Presenter, der nicht nur über einen USB-Sender die Präsentation ansteuern kann, sondern auch typischerweise über einen integrierten Laserpointer verfügt, so dass auf einzelne Ausdrücke oder Bildelemente der Projektion hingewiesen werden kann.

Eine Alternative: Es kann den Vortrag auch entlasten, wenn jemand anderes die Weiterschaltung übernimmt oder für Tonbeispiele auf «Start» drückt. Eine solche Arbeitsteilung erfordert gute Absprachen und natürlich das Mitdenken der zweiten Person. Ein willkommener Nebeneffekt dieser Absprachen ist, dass der Ablauf der Vortragsrealisation rechtzeitig und in allen Einzelheiten geplant wird.

Alle, die an der Präsentation beteiligt sind, sollten unbedingt einen Ausdruck aller Folien vor Augen haben. Wer den Vortrag hält, gibt durch einen Kommentar wie «das sehen wir auf der nächsten Folie» den entscheidenden Hinweis, wann es weitergeht. Dadurch wird gleichzeitig die Aufmerksamkeit des Publikums auf den neuen Inhalt gelenkt, ohne dass der Blickkontakt verloren gehen muss.

3.2.4 Handouts

Schon die Bezeichnung der Blätter, die das Publikum erhält, verrät einiges über die unterschiedlichen Möglichkeiten der Konzeption: «Handout», «Thesenpapier», «Skript». Einige

Bausteine sind in jedem Fall unverzichtbar. Der Kopfteil enthält den Namen der Veranstaltung, das Datum, den Vortragstitel und den Namen des Verfassers. Den Abschluss bildet stets ein Literaturverzeichnis. Jede Art von wissenschaftlicher Arbeit verlangt es, die dargestellten Inhalte nachprüfbar zu machen und sie mit einem methodischen und theoretischen Kontext zu verknüpfen, und genau das leistet ein Literaturverzeichnis, auf das natürlich im Text des Papiers verwiesen werden kann.

Eine gute Orientierung für die Zuhörer ist es, wenn auf dem Begleitpapier zu einem Vortrag die Gliederung zu lesen ist. Darüber hinaus können keine allgemeinen Hinweise zum Aufbau solcher Papiere gegeben werden – außer, dass nichts dem Zufall überlassen werden sollte. Ein Handout muss nicht vor Informationen überquellen, es kann im Gegenteil dazu einladen, handschriftlich ergänzt zu werden, indem gezielt im Vortrag genannte Zusammenhänge im Handout ausgespart werden. Zur Wahl stehen, vereinfacht gesagt, drei Konzeptionen, die natürlich miteinander kombiniert werden können:

– Das didaktische Papier definiert wichtige Begriffe und stellt Rahmeninformationen (Namen, Daten, Fakten) zusammen.
– Das Thesenpapier im engeren Sinne stellt die eigenen Erkenntnisse in Form von pointiert formulierten Sätzen bzw. inhaltsdichten «Thesen» zusammen. Im weiteren Sinne kann ein Thesenpapier die gedankliche Linie eines Vortrags verdeutlichen, in Bezug auf Ausgangsposition, Entwicklung und Synthese der Argumentation.
– Die Beispielsammlung (cf. das im Französischen für *Handout* dafür auch verwendete Wort *exemplier*) entlastet den Vortrag, indem es Belege und Zitate, bei denen der Wortlaut wichtig ist, sowie ggf. Graphiken und Tabellen jedem Zuhörer gut lesbar an die Hand gibt.

Schließlich und endlich: Weder ein Handout noch ein Thesenpapier noch ein Informationsblatt sollte einfach eine gekürzte Version des Vortrags sein. Es handelt sich um eine eigene Textsorte, welche sich in Funktion, Darstellungsweise und Inhalt von einem Vortragsmanuskript unterscheidet.

3.2.5 Kombination von Medien

Zur kombinierten Nutzung mit anderen Medien eignet sich auch die Nutzung von Tafel und Whiteboard. Komplexe Schaubilder oder die Gliederung des Referats sollten vor Beginn des Referats angeschrieben werden. Einzelne Fachtermini oder Sprachbeispiele können während des Vortrags angeschrieben werden; dadurch wird das Publikum in die Argumentationsentwicklung einbezogen. Für das Anschreiben muss genug Zeit eingeplant werden: Wenn hektisch und unüberlegt geschrieben wird, ist der Nutzen gering. In keinem Fall darf beim Schreiben weiter geredet werden, die Wand hört nicht zu.

Wenn die Beispielsammlung begleitend zu einer Beamer-Präsentation ausgegeben wird, sollten die einzelnen Beispiele nummeriert werden. Dann kann gezielt von den Folien auf das Handout verwiesen werden. Auf den Folien erscheinen nur Inhalte, die sich für die

Projektion eignen, also Literaturverweise in Kurzform, aber nicht vollständige bibliographische Angaben. Dafür eignet sich ein Handout besser. Auch das Medium Buch kann zum Einsatz kommen. Wenn auf ein wichtiges Werk im Referat hingewiesen wird, kann es zur Veranschaulichung mitgebracht und durch die Reihen gereicht werden.

3.2.6 Nachbearbeitung des Referats

Referate werden gehalten, weil sie viele unterschiedliche Anforderungen stellen, die nach und nach gelernt werden müssen. Nutzen Sie daher möglichst sportlich diese Trainingsmöglichkeit, indem Sie die jeweilige Erfahrung gezielt nutzen. Diese Idee können Sie durch eigene Notizen direkt nach dem Referat umsetzen, meist haben Sie ja auch einen Eindruck davon, wie der Vortrag angekommen ist und wo (und warum?) die Aufmerksamkeit hoch war. Welche Fragen wurden gestellt? Wie wurden Ihre Diskussionsimpulse aufgenommen?

Wenn es nach dem Referat keine Gelegenheit der Nachbesprechung gibt, suchen Sie im Anschluss daran die Sprechstunde des jeweiligen Dozenten auf, um eine genauere Rückmeldung zu erhalten.

Außerdem sind Referate meist Sprungbretter in die Hausarbeit: Oft ist die Themenstellung noch eher breit angelegt, während in der Hausarbeit ein Teilaspekt bearbeitet wird. Das Referat kann dann Klarheit darüber verschaffen, welche Aspekte sich besonders gut zur Vertiefung eignen und wie eine solche Weiterführung aussehen kann. Auch diese Überführung eines Referats- in ein Hausarbeitsthema besprechen Sie am besten in der Sprechstunde.

3.3 Die Literaturarbeit

Der Prozess des Lesens ist immer schon mit dem Prozess des Schreibens verknüpft, denn die erlesenen Inhalte werden in ihrer Bedeutung für das eigene Thema interessant. Auch wenn erst in die Breite gelesen wird, klärt sich bei intensiverer Auseinandersetzung mit den unterschiedlichen Teilaspekten die Vorstellung davon, wie der eigene Argumentationsverlauf sein kann. Umgekehrt können sich daraus weiterführende Fragestellungen ergeben, für die unter Umständen die Literatursuche weitergeführt werden muss.

Bereits mehrere Wochen vor dem geplanten Schreibbeginn sollte nach einschlägiger Literatur gesucht werden, die in einer möglichst umfangreichen Arbeitsbibliographie zusammengestellt wird. In dieser Arbeitsbibliographie steht neben jedem Titel die Angabe, in welcher Bibliothek (und mit welcher Signatur) er zu finden ist. Diese Angabe muss rechtzeitig recherchiert werden, damit genug Zeit für Vormerkungen, Fernleihen oder die Planung einer kleinen Lesereise in die Nachbarstadt bleibt. Die Titelaufnahmen für die Arbeitsbibliographie sollten sorgfältig zusammengestellt werden. Wenn bibliographische Angaben aus dem Internet kopiert werden, schleichen sich meist Formatierungsfehler ein.

Beim Abschluss der Arbeit kann es sehr viel Zeit sparen, wenn die Bibliographie von Anfang an gut formatiert und gepflegt wird und daher vollständig ist. Die Literaturarbeit kann auch durch Programme unterstützt werden, die eine Datenbank der recherchierten Titel anlegen (z. B. CITAVI® oder ENDNOTE®, → Kap. 4.4.1). Solche Programme bieten auch die Möglichkeit, Exzerpte zusammen mit dem Titel zu speichern, dann ist gewährleistet, dass die Quellenangabe bei der Textarbeit immer griffbereit ist. Es besteht auch die Möglichkeit, das Textdokument direkt mit der Literaturdatenbank zu verbinden. Dann wird jedes Zitat im Text gekennzeichnet und die zitierte Quelle wird für das Literaturverzeichnis vorgemerkt. Die meisten Universitätsbibliotheken bieten Schulungen zur Benutzung der jeweils gebräuchlichen Programme für die Literaturverwaltung an, die Teilnahme ist sicher empfehlenswert!

3.3.1 Schreibendes Lesen: Exzerpieren

Damit zwischen Lesen und Schreiben Strom fließt, können verschiedene Verbindungsmöglichkeiten ausprobiert werden. Wenn die bibliographischen Angaben mit einem Programm verwaltet werden (→ Kap. 4.4.1), lassen sich jedem ausgewerteten Text eigene Schlagwörter zuweisen, die so genau wie möglich den Kapiteln der geplanten Arbeit entsprechen. Beim Schreiben der Kapitel können dann automatisch alle einschlägigen Notizen und Zitate zusammengestellt werden. Natürlich lässt sich dieses Verfahren auch bei handschriftlicher Beschriftung und durch physisches Ordnen der Mitschriften durchführen. Oder Zitate, Gedanken und Kapitelüberschriften werden ausgeschnitten und auf einem Poster zusammengeklebt, auf einer Magnetwand in wechselnden Zusammenstellungen angeordnet oder im Mindmappingverfahren visuell strukturiert.

Es kann auch nützlich sein, nach der Auswertung einiger Texte das Manuskript der Arbeit zu betrachten, Stichwörter und Literaturverweise in die einzelnen Abschnitte einzutragen und das daraus entstandene Gitter allmählich zu verdichten, bis sich der Text geradezu von selbst schreibt.

Beim Lesen wissenschaftlicher Texte wird aus der Fülle verfügbarer Informationen ein Auszug festgehalten, welcher die für das eigene Interesse relevanten Textstellen vollständig wiedergibt oder zusammenfasst. Diese Arbeit des Auswertens und Festhaltens wird Exzerpieren genannt. Die aktive Lektüre ist die wichtigste Phase im Studium. Beim schreibenden Lesen wachsen die Vertrautheit mit dem Thema, die Sicherheit in der Fachsprache und die Herausbildung einer Leitfrage.

Wie lässt sich am besten auswerten, was in der Phase der bibliographischen Recherche an Titeln zusammengetragen wurde? So unterschiedlich, wie Schreibtische und Arbeitszimmer eingerichtet sind, fallen hier die Antworten aus. Immer gilt, dass zu jedem Zitat und zu jeder Lektürenotiz nicht nur die Quellenangabe, sondern auch die Seitenzahl festgehalten werden muss. Vielleicht muss das einmal im Verlauf des Studiums passieren: Auf einer Kopie oder handschriftlich findet sich ein einschlägiges Zitat – nur leider lässt es sich nicht mehr eindeutig seiner Quelle zuordnen. Von da an, oder natürlich am besten schon vorher, wird konsequent beim Kopieren darauf geachtet, dass alle Angaben für eine vollständige Literaturangabe komplett vorhanden sind. Wenn bereits ein vollständiges Literaturverzeichnis besteht, kann es reichen, auf dem Exzerpt nur das Kürzel einzutragen (z. B. «Müller 2012: 9»).

Wie werden die erlesenen Inhalte gesichert? Ob kopiert, handschriftlich exzerpiert oder direkt in die Tastatur getippt wird, hängt von den Inhalten ab. Die im Folgenden genannten Verfahren sollten sinnvoll kombiniert werden:

– Zusammenfassen: Manche Texte lassen sich gut in eigenen Worten festhalten. In eigenen Zusammenfassungen sollte immer deutlich werden, welche Ausdrücke wörtlich übernommen werden, besonders, wenn es sich um eine ungewöhnliche oder hervorgehobene Verwendung handelt. Beim Zusammenfassen von Textpassagen wird der Text am gründlichsten verstanden und erarbeitet. Wenn es schwierig wird, ihn in eigenen Worten wiederzugeben, kann die Lektüre vertieft werden, oder es werden Wörterbücher oder andere Hilfsmittel hinzugezogen. Insofern ist es empfehlenswert, zu jedem Text zumindest eine kurze Inhaltsangabe zur Verständnissicherung zu erstellen.
– Abschreiben: In manchen Texten fallen pointierte Zitate ins Auge, die am besten wörtlich festgehalten werden sollten. Begriffsdefinitionen, akzentuierte Schlussfolgerungen oder Thesen werden am besten im Wortlaut übernommen, damit sie in der eigenen Arbeit Sinn stützend eingesetzt werden können. Es lohnt sich besonders dann, ausführlich und wörtlich zu exzerpieren, wenn mit einem Programm zur Literaturverwaltung oder mit einem eigenen Ablagesystem sichergestellt wird, dass die Inhalte längerfristig nutzbar sind, zum Beispiel für weitere Seminare oder in der Prüfungsvorbereitung.
– Kopieren: Texte, die viele Sprachbeispiele enthalten, sind schwierig abzuschreiben. Wenn es sich um ungewöhnliche oder um veraltete Formen handelt, kann später nicht mehr nachgeprüft werden, ob der Wortlaut richtig erfasst wurde. Dann ist eine Kopie oder ein Scan erforderlich, ebenso bei Graphiken und Tabellen.
– Nachdenken: Welche Textstellen sind so einschlägig, dass sie wörtlich zitiert werden sollten? Welche Begriffe sind immer noch unverständlich? Welchen Text möchten Sie gern noch einmal oder noch vielmals zur Hand nehmen?

3.3.2 Exkurs: Texterschließung in der Prüfungsvorbereitung

Bei der Vorbereitung einer mündlichen oder schriftlichen Prüfung ist es wie beim Referat besonders wichtig, sich zuerst über die Anforderungen zu versichern. Gibt es z. B. verbindliche Leselisten? Hält der Prüfer Merkblätter für die Prüfungsvorbereitungen bereit? Welches Format haben die schriftlichen oder mündlichen Fragen?

Prüfungen erfüllen eine doppelte Aufgabe: einerseits zeigen Sie, dass Sie das Grundwissen kennen und wiedergeben können, andererseits sollen Sie auch zeigen, dass Sie die Inhalte verknüpfen können, anwenden können und am besten auch weiterführend diskutieren können. Normalerweise werden, je weiter Sie im Studium fortschreiten, die reproduzierbaren Kenntnisse als selbstverständlich vorausgesetzt, während der Anteil an selbständiger Leistung zunimmt.

Für Wissensfragen kann es nützlich sein, zunächst Listen mit den wichtigsten Begriffen anzufertigen und schrittweise Definitionen und Erklärungen zu ergänzen. Für Klausur und auf Thesenpapieren aufbauende eher diskursiv aufgebaute Prüfungen der späteren Studienphasen hilft das freie Formulieren in ganzen Sätzen, schriftlich und mündlich – aber auch dabei muss immer wieder sicher gestellt werden, dass Sie die wichtigen Fachbegriffe definieren können. In Studienabschlussprüfungen ist es gut, bei Definitionen auch namentlich zu präzisieren, wer entscheidend zum Verständnis des jeweiligen Fachbegriffs beigetragen hat.

Der Bedeutung der einzelnen inhaltlichen Aspekte entspricht auch die mehr oder weniger intensive Auswertung der Sekundärliteratur kann es sich lohnen, die Lektüre systematisch aufzubauen und dabei bewährte Verfahren wie die SQ3R-Methode nach Robinson anzuwenden (die drei R stehen für *read*, *recite* und *review*; dieses Modell wird in Rothstein 2011 ausführlich referiert).

3.4 Die Gliederung wissenschaftlicher Arbeiten

Ein wesentliches Merkmal wissenschaftlicher Texte ist ihre klare Struktur. Sie ist einerseits Ausdruck eines gedanklich gut aufgebauten Textes, auf der anderen Seite soll sie die schnelle Orientierung im Text ermöglichen. Daraus ergibt sich, dass häufig hierarchisch gegliederte Zwischenüberschriften verwendet werden. Oft wird einem wissenschaftlichen Text auch eine Kurzfassung (*abstract*) voran- oder nachgestellt.

Auch wissenschaftliche Arbeiten, wie sie im Studium geschrieben werden, setzen das Prinzip der inhaltlich und formal strukturierten Argumentationsweise um. Schon bei der ersten Lektüre ergeben sich Ideen für die Gliederung (DISPOSITIO) des Stoffes (→ Kap. 3.1).

Die erste und normalerweise vorläufige Gliederung ist im gesamten Prozess der Literatursuche und -auswertung sowie während der Analyse und beim Schreiben eine gute Begleitung, auch oder besser: gerade weil sie immer wieder ihre Gestalt ändert. Das betrifft auch die hierarchische Struktur und Tiefe der Gliederung: Wie viele Hauptkapitel und Unterkapitel sind wirklich angemessen? Die Möglichkeit, nummerierte Überschriften in drei oder mehr Ebenen zu unterscheiden, trägt zur Klarheit der Darstellung bei. Aber die Zahl der Gliederungsebenen muss zur Länge des Textes passen. In kürzeren Arbeiten sind nur sehr selten Überschriften auf mehr als vier Ebenen vertretbar, der Text wirkt sonst unübersichtlich. Zudem sollte die Kapitellänge gut proportioniert und immer wieder revidiert werden: Beim Schreiben eines Kapitels kann es sich ergeben, dass der Stoff komplexer ist als zunächst angenommen. Dann trägt es sehr zur gedanklichen Klarheit bei, wenn statt eines langen Kapitels zwei kürzere verfasst werden. Wenn eine untere Gliederungsebene eingerichtet wird, sollte sie stets durch mehrere Kapitel auf dieser Ebene vertreten sein.

Wenn es also im Kapitel «3.1» ein Unterkapitel «3.1.1» gibt, sollte mindestens noch «3.1.2» vorhanden sein, bevor es mit «3.2» weiter geht. Andernfalls muss die Kapitelgliederung neu überdacht werden.

Die folgenden Hinweise zum Aufbau einer wissenschaftlichen Arbeit müssen notwendigerweise für die jeweilige Untersuchung adaptiert werden, aber sie sollen beispielhaft zeigen, welche Anforderungen gestellt werden. Auch die Überschriften der Teilkapitel sind nicht uneingeschränkt zur Nachahmung zu empfehlen: Sie stehen hier stellvertretend für die Inhalte, die darin behandelt werden, und müssen für den eigenen Zweck umformuliert werden.

3.4.1   Einleitung

Im ersten Kapitel werden die Fragestellung, die Methode und der Forschungsstand zum Thema der Arbeit vorgestellt. Dazu gehört zuerst die Erläuterung, was unter dem Titel der Arbeit zu verstehen ist und wie das Thema eingegrenzt wird. Dies führt zu einer genauen Formulierung der Fragen, denen die Arbeit nachgeht, konkretisiert in der leitenden Fragestellung und ggf. zur Bildung von Arbeitshypothesen. Dabei wird auch ein Zusammenhang zum übergeordneten Forschungsgebiet (z. B. *lexikalische Semantik*, *Stadtsprachenforschung*) hergestellt, zugleich kann die Abgrenzung von anderen vorhandenen Ansätzen erfolgen.

Dann sind Vorgehensweise bzw. Methode zu beschreiben und zu begründen: Welche Texte (Korpora) werden genauer in den Blick genommen? Woher stammen sie? In welchen Schritten wird die Analyse durchgeführt? Gibt es Vorbilder für diese Vorgehensweise?

Abschließender Gegenstand der Einleitung ist die hauptsächlich verwendete Sekundärliteratur. Im Rahmen welcher Theorie oder Begrifflichkeit verortet sich die Fragestellung? Auf welchen bereits vorliegenden Ergebnissen baut die Untersuchung auf? In größeren Arbeiten (Qualifikationsschriften) wird dem Forschungsstand zum gewählten Thema besondere Aufmerksamkeit gewidmet. Eine Darstellung zum Forschungsstand zeigt, wie das eigene Thema bisher in Standardwerken (auch älteren Datums) und in jüngeren Veröffentlichungen behandelt wurde, auch um zu begründen, inwiefern die eigenen Ergebnisse etwas Neues beitragen können.

3.4.2   Grundlagen: Theorie, Terminologie, Kontext

Es hängt vom Thema der Arbeit ab, welche Informationen das oder die Kapitel zwischen Einleitung und Hauptteil enthalten. Meistens ist es erforderlich, die zentralen Fachwörter zu definieren. Wichtig ist dabei, für diesen terminologischen oder theoretischen Abschnitt die Sekundärliteratur gut auszuwählen. Allgemein sprachliche Wörterbücher und enzyklopädische Wörterbücher (also allgemein bildende Nachschlagewerke wie der Brockhaus) können zwar bei Verständnisschwierigkeiten für die eigene Orientierung hinzugezogen werden, sollten aber zitiert werden. Lehrwerke (Einführungen) eignen sich sehr gut zur vorbereitenden Lektüre und als Brücke zu den Grundlagentexten im jeweiligen Gebiet; weil Lehrwerke (Einführungen) meist vereinfachen, sollten die Grundlagentexte aber selbst gelesen werden. Auch Fachwörterbücher sollen vor allem helfen, die wichtigsten Autoren und Veröffentlichungen zum Thema zu finden, auf deren Basis dann Konzepte und Definitionen erarbeitet werden; z. B. finden sich im *Lexikon der Sprachwissenschaft* (Bußmann 2008) am Abschluss eines jeden Artikels bibliographische Angaben, welche Standardwerke und ihre Autoren verzeichnen. Statt die Definition abzuschreiben, kann also direkt zur Fachautorität gegriffen werden.

Zur Vorbereitung des Hauptteils kann es auch erforderlich sein, den außersprachlichen Kontext zu umreißen, so z. B. in einen historischen Zusammenhang einzuführen, eine kurze Biographie einzufügen oder geographische Verhältnisse zu schildern. Diese Passagen sind in sprachwissenschaftlichen Arbeiten aber auf das Notwendige zu reduzieren. Normalerweise bekommen Sie Ihre Note nicht dafür, dass Sie die Schulausbildung eines Autoren nacherzählen, sondern dafür, dass Sie z. B. sein Grammatikverständnis analysieren.

3.4.3   Vorstellung des Materials

Wenn eine wissenschaftliche Arbeit sich vorwiegend für den Sprachgebrauch interessiert und dafür Sprachdaten sammelt oder vorhandene Sprachdaten. Bereits in der Einleitung einer Arbeit wird kurz darauf eingegangen, welches Sprachmaterial der Arbeit zu Grunde liegt. Es empfiehlt sich aber meistens die Herkunft der Sprachbeispiele in einem eigenen Kapitel genau zu beschreiben. Auch sollte darauf aufmerksam gemacht werden, ob und wie das Original für die Analyse aufbereitet oder verändert wurde. Es ist fast immer erforderlich, authentische Sprachzeugnisse in der einen oder anderen Art und Weise zu transformieren, und dies sollte ausführlich erläutert und begründet werden. So ist es meist überflüssig, Zeilenumbrüche des Originals bei der Abschrift beizubehalten. Wenn aber beispielsweise Werbeanzeigen untersucht werden, ist u. U. auch das Layout interessant. Zeilenumbrüche werden dann auch in der Abschrift kenntlich gemacht. Die Prinzipien der Abschrift von Texten für die Analyse, die selbst erschlossen oder in einer Vorlage vorgefunden wurden, werden in einem Abschnitt zu den Transkriptionskriterien (→ Kap. 5.5.2) erläutert.

Außerdem muss klar werden, nach welchen Kriterien der Text oder die Texte ausgewählt wurden. Für jede Arbeit steht eine begrenzte Arbeitszeit zur Verfügung. Es kann kein Zweifel daran bestehen, dass im Rahmen einer Proseminararbeit die Analyse exemplarisch ist und auf einer eher schmalen Materialbasis beruht. Aber es darf nicht der Eindruck entstehen, dass Texte nach dem Zufallsprinzip zusammengestellt oder beliebig gekürzt wurden. Der Umfang und die Zusammensetzung der Textsammlung müssen überzeugend erläutert werden. Welche Argumente sind besonders einleuchtend, um die Qualität und die Quantität der Auswahl zu begründen?

3.4.4 Analyseschema

Bevor die eigentliche Analyse beginnt, muss die zuvor im Theoriekapitel entwickelte Begrifflichkeit auf die eigenen Daten bezogen werden. Es ist ein Qualitätsmerkmal empirischer Arbeiten, wie gut die Übersetzung von der allgemeinen Problemstellung zur konkreten Analyse gelingt, man könnte auch sagen: von der Theorie in die Praxis. Ein typischer Fehler ist es, dass in den einleitenden Abschnitten zahlreiche wichtige Aspekte dargestellt werden, in der eigentlichen Analyse dann aber ganz andere Phänomene berücksichtigt werden, deren Auswahl und Behandlung nicht eingehend begründet wird. Daher sollte dem Analysekapitel die Erläuterung des Analyseschemas vorgestellt und dabei die im Theoriekapitel verwendete Terminologie wieder aufgenommen werden.

Besonders bei den ersten Arbeiten hilft es, sich für die Analyse gute Vorbilder zu suchen, d. h. die einzelnen Analyseschritte aus der Sekundärliteratur herauszuarbeiten und dann systematisch umzusetzen. Bei der Anwendung einer vorgefundenen Analysemethodeauf das eigene Sprachmaterial kann es nötig werden, abweichend zu arbeiten. Auch dies sollte erläutert werden. Die Analysemethode wird im Hauptkapitel so genau wie möglich dargelegt, methodische Entscheidungen werden nicht nur benannt, sondern auch begründet.

Um ein Analyseschema zu entwickeln, müssen die jeweils interessanten Phänomene messbar gemacht werden. Man spricht dabei von Operationalisierung und der Auswahl von Indikatoren. Das bedeutet, dass aus dem zu untersuchenden Bereich ein Merkmal (als Indikator) ausgewählt wird, das theoretisch bedeutsam ist und methodisch im jeweils gegebenen Rahmen greifbar gemacht, operationalisiert, werden kann, gezählt werden kann oder gemessen werden kann. Ein Beispiel: Wenn für einen Dialekt festgestellt wird, dass er Tendenzen zur Regionalisierung zeigt, kann dies im Bereich der lautlichen Realisierung nachgewiesen werden. Angenommen, es liegen bereits entsprechende Sprachaufnahmen vor, muss jetzt genau bestimmt werden, wie damit umgegangen wird. In den einführenden Abschnitten der Arbeit muss aus der Darstellung der Besonderheiten des Dialekts deutlich werden, welche Merkmale besonders charakteristisch sind, und welche Merkmale im aktuellen Sprachgebrauch seltener zu beobachten sind. Schließlich muss noch erläutert werden, in welchen Textsorten und Kontexten dieser Prozess sinnvoll zu analysieren ist.

Für die angenommene Frage nach der Regionalisierung eines Dialekts könnte z.B. das Merkmal der Palatalisierung von /s/ > /ʃ/ als charakteristisch herausgearbeitet werden und begründet werden, dass es an Bedeutung verliert. Dann muss erläutert werden, an welchen Stellen der *chaîne parlée* die Realisierung von /ʃ/ zu erwarten ist und was stattdessen eintreten kann. Im gewählten Beispiel handelt es sich um eine Variable, der unterschiedliche Varianten zugeordnet werden können (→ Kap. 6.6.5). Wenn die Bedeutsamkeit und die Unterscheidung dieser Varianten im Analyseschema erläutert wurde, können die entsprechenden Stellen in den Sprachaufnahmen ausgewertet und ausgezählt werden.

Messbarmachung bzw. Operationalisierung heißt also, dass ein weit reichender und komplexer Prozess sehr konkret auf ein messbares, aussagekräftiges Beispiel bezogen wird, in unserem Beispiel also das sehr allgemeine Phänomen der Regionalisierung des Dialekts am Merkmal der Palatalisierung festgestellt wird.

3.4.5   Analyse

Der Hauptteil der Arbeit ist der Analyse gewidmet, welche sich üblicherweise in Teilgebiete gliedert. Dieser Hauptteil sollte mit den vorangehenden Kapiteln gut abgestimmt sein.

Ein Untersuchungsinteresse in eine Abfolge methodisch plausibler Analyseschritte umzusetzen, ist keine leichte Aufgabe. Die Herausforderung besteht darin, nach dem WAS ausgiebig über das WIE nachzudenken und in Worte zu fassen, welche Phasen im Arbeitsprozess zu unterscheiden sind. Im Entwurf kann die Darstellung der Methode einer Bauanleitung ähneln, welche eine Abfolge nummerierter Bilder mit Beschreibungen der nötigen Handgriffe umfasst. Die Orientierung an der Textsorte Bauanleitung kann in der Entwurfsphase der Analyse dazu anregen, planvoll vorzugehen, das Sprachmaterial vorzubereiten, die Werkzeuge (Wörterbücher, Grammatiken, Programme) nacheinander bereitzulegen und einzusetzen. Wenn es das Thema zulässt, können die Ergebnisse in Tabellen, Graphiken oder Schaubildern zusammengefasst werden (→ Kap. 3.6.3). Auf jedes dieser Elemente muss im Text Bezug genommen werden, damit die visualisierten Zusammenhänge auch für die Argumentation genutzt werden. Dabei wird nicht einfach der Inhalt der Graphik oder Tabelle wiederholt, sondern ausformuliert und Sinn stützend in den eigenen Text eingebunden. Wenn auf eine Graphik oder Tabelle nicht im Text verwiesen wird und sich auch keine geeignete Stelle findet, um einen Verweis einzubinden, ist die Graphik bzw. Tabelle vermutlich überflüssig und kann entfernt werden.

In theoretischen Arbeiten, in denen der Hauptteil nicht die Datenanalyse umfasst, sondern eine Argumentation entwickelt, muss ebenfalls jedes einzelne Unterkapitel in sich klar aufgebaut sein; ähnlich wie im Gesamtplan der Arbeit jedes Kapitel seine Funktion hat, hat innerhalb der Einzelkapitel jeder Absatz seine Bedeutung: Zu Beginn wird der jeweils relevante Teilaspekt der Fragestellung benannt, es folgen Argumente oder Belege, und der letzte Absatz kann eine zugespitzte Zusammenfassung enthalten. Es bietet sich an, die gedanklichen Schritte, die in einem Unterkapitel vollzogen werden, sprachlich miteinander zu verknüpfen und so Gegensätze, ursächliche Beziehungen oder eine Reihe von Argumenten zueinander in Beziehung zu setzen.

3.4.6   Diskussion der Ergebnisse

Um einen möglichst hohen Grad an Objektivität zu erhalten, wird normalerweise die Analyse von der Diskussion der Ergebnisse getrennt. Erst nachdem gemessen, gezählt und erhoben wurde, wird die Frage «was bedeuten die Befunde» gestellt und durchaus auch kontrovers beantwortet. Auf diese Weise wird in kleinen Schritten aus den untersuchten Teilergebnissen ein Gesamteindruck zusammengesetzt und von den Details der Interpretation wieder auf den größeren Zusammenhang der einleitenden Fragestellung zurückgeführt.

Wenn gegensätzliche Positionen einander gegenübergestellt werden, sollte dies nicht als Selbstzweck («der Vollständigkeit halber») geschehen, sondern zeigen, dass eine Auseinandersetzung stattgefunden hat und welche Gründe zur Wahl des eigenen Standpunkts geführt haben. Dabei kann auch darauf hingewiesen werden, dass weitere Gesichtspunkte wichtig wären, aber z. B. «im Rahmen der vorliegenden Arbeit» nicht behandelt werden können.

3.4.7 Abschließendes Kapitel

Ein Schlusskapitel fasst die Ergebnisse zusammen und zeigt auf, welche Folgerungen gezogen werden können. Es kann auch darauf aufmerksam gemacht werden, wo die Aussagekraft der Ergebnisse endet oder wie die Untersuchungsmethode verbessert werden kann, um noch bessere Resultate zu erzielen. Außerdem eröffnen sich normalerweise bei der Erarbeitung eines Themas zahlreiche gedankliche Abzweigemöglichkeiten, die zugunsten des gewählten roten Fadens und natürlich aus zeitlichen Gründen nicht alle verfolgt werden. Aber im Fazit können weiterführende Fragestellungen und Überlegungen formuliert werden. Dadurch wird auch darauf aufmerksam gemacht, wo noch Bedarf an weiterführender Forschung vorliegt (Desiderata).

Ein häufiges Problem bei der Abfassung erster wissenschaftlicher Arbeiten ist die Frage, wie eine eigene Meinung formuliert werden kann. Dabei liegt häufig ein Missverständnis vor: Ein subjektiver Zugang und Sätze, die «meiner Meinung nach», «ich denke», «ich finde» o. ä. enthalten, sind dem wissenschaftlichen Untersuchungsgegenstand selten angemessen. Auf der anderen Seite wird aber durchaus die Fähigkeit zum selbstständigen Arbeiten und Urteilen verlangt. Dabei entsteht die Schwierigkeit, dass gerade bei der vertieften Beschäftigung mit einer wissenschaftlichen Fragestellung deutlich wird, wie viel Sachkenntnis und Weitblick erforderlich sind, um sich ein Bild zu machen – und diese Einsicht bewirkt, dass im Fazit zwar Positionen markiert werden sollten, aber keine abschließenden Urteile gefällt werden müssen.

Um die Extreme fehlgeleiteter Meinungsfreude und ängstlichen Zögerns zu vermeiden, wird statt einer Meinung im Schlusswort eine Standortbestimmung zum Ausdruck gebracht. An dieser Stelle hilft es, den zurückgelegten Weg gedanklich noch einmal abzuschreiten. Welches war der Ausgangspunkt der Fragestellung? Welche Ergebnisse der Lektüre oder der eigenen Analyse waren bedeutsam? Welche Fragen waren lange unentschieden, welches Für und Wider wurde erwogen? Welche Gründe sprechen schließlich dafür, sich der einen oder der anderen Interpretation anzuschließen? Oder: Welche Ergebnisse überraschten? Was lässt sich daraus folgern?

Diese Überlegungen werden nicht ausführlich in das Schlusswort aufgenommen. Aber sie führen zu geeigneten Formulierungen, um den eigenen Standpunkt als Ergebnis der wissenschaftlichen Arbeit deutlich, aber ohne Selbstüberschätzung zu bestimmen.

3.4.8 Bibliographie

Die Informationen wissenschaftlicher Texte sollten nachprüfbar sein. Um die Nachprüfbarkeit des eigenen Textes zu gewährleisten, werden in der Bibliographie der Arbeit (dieses Kapitel kann auch mit «Literaturverzeichnis» überschrieben werden) alle verwendeten Primär- und Sekundärquellen vollständig in alphabetischer Reihenfolge aufgeführt. Alle Titel, die in der Bibliographie aufgeführt sind, müssen im Text mindestens einmal zitiert wurden. Am Ende der Arbeit muss also – manuell oder durch ein bibliographisches Programm – kontrolliert werden, ob die Verweise im Text und die Einträge in der Bibliographie übereinstimmen (→ Kap. 4.4.1). Häufig zeigt sich dann, dass auf ein Werk, das grundlegende Orientierung bei der Abfassung der Arbeit gegeben hat, im Text gar nicht gezielt verwiesen wurde. In diesem Fall sollte der Text noch einmal zur Hand genommen werden. Für welche Kapitel war es wichtig, diesen Text zu lesen? An welchen Passagen kann ich das festmachen? Nach diesem Textabgleich können die entsprechenden Verweise gesetzt werden.

Es kann sich umgekehrt auch zeigen, dass das Literaturverzeichnis Einträge enthält, die beim Bibliographieren interessant erschienen, bei näherer Betrachtung aber nicht einschlägig für das gewählte Thema waren. Solche bibliographischen Einträge werden aus dem Literaturverzeichnis gelöscht. Denn ein aufgeblähtes Literaturverzeichnis ist genau so irreführend wie ein zu kurzes Literaturverzeichnis, das die Quellen der Arbeit verschweigt.

3.4.9 Anhang

Im Anhang werden Textauszüge, Bildkopien oder Dokumente wie verwendete Fragebögen, ausführliche tabellarische Auswertungen u. ä. zur Verfügung gestellt. Dabei sollten alle Materialien durch Siglen oder eine fortlaufende Nummer kenntlich gemacht werden, damit im Text eindeutig darauf verwiesen werden kann (→ Kap. 8.1). Die Dokumentation, die im Anhang einer Arbeit hinzugefügt wird, hat den Zweck, die Methode zu verdeutlichen und die Ergebnisse nachprüfbar zu machen; in welchem Umfang es erforderlich ist, Materialien im Anhang beizugeben, sollte vorher abgesprochen werden. Bei sehr langen Textauszügen oder einer breiten Korpusanalyse kann zum Beispiel auf die Papierversion verzichtet werden, wenn die Datei(en) zur Verfügung gestellt werden. Je nach Absprache kann dafür ein geeigneter Datenträger beigefügt oder ein externer Server benutzt werden.

Der Anhang erhält eine eigene Seitenzählung; der Umfang des Anhangs wird nicht zur erforderlichen bzw. erlaubten Seitenzahl gerechnet.

3.5 Der Schreibprozess

3.5.1 Wissenschaftsstil

Die Fachsprachlichkeit mündlicher und schriftlicher wissenschaftlicher Texte folgt unterschiedlichen Normen. Über das rhetorische Problem der ELOCUTIO, der gewandten Ausdrucksweise, wurde schon in der Antike gesprochen und geschrieben: Klarheit und Schönheit des Ausdrucks sollten kein Widerspruch sein. Die Vorstellungen von gutem Wissenschaftsstil verändern sich mit der Zeit und unterscheiden sich einzelsprachlich und kulturell.[10]

So lässt sich in den letzten Jahren beobachten, dass der Geltungsbereich des von Harald Weinrich beschriebenen «Ich-Verbots» der Wissenschaftssprache abnimmt.

Das bedeutet, dass auch in wissenschaftlichen Texten einige Autoren *ich* schreiben, statt unpersönliche Formulierungen zu wählen.[11] Allgemein gilt, dass sich wissenschaftlicher Stil aus der Berücksichtigung der folgenden Prinzipien ergibt.

- Eindeutigkeit: Die hohe Dichte von Fachtermini oder Fremdwörtern ergibt sich dadurch, dass wissenschaftliche Texte eindeutig sein sollen – und Fachwörter zeichnen sich durch genaue Definitionen aus.
- Genauigkeit: In wissenschaftlichen Texten werden Deutungen argumentativ entwickelt oder Hypothesen empirisch geprüft. Dabei wird sehr kleinschrittig vorgegangen. Auch vorbereitende Überlegungen, der vorhandene Forschungsstand und die Voraussetzungen und Methoden der eigenen Arbeit werden so genau wie möglich dargelegt.
- Objektivität: Bei der Beschreibung von Phänomenen wird vermieden, aus subjektiver Perspektive zu bewerten. Zum Beispiel wird eher von «Verstößen gegen die Norm des Französischen» gesprochen, als von «Fehlern» oder «schlechtem Französisch».

In der Sprachwissenschaft ist wissenschaftlicher Stil nicht nur eine handwerkliche Herausforderung, sondern auch ein fachspezifischer Untersuchungsgegenstand. Unter textlinguistischen, syntaktischen, morphosyntaktischen und lexikalisch-semantischen Aspekten lässt sich herausarbeiten, was wissenschaftliche Texte auszeichnet: Typisch sind klar strukturierte Texte mit hierarchisch gegliederten Überschriften, Fußnoten bzw. Literaturverweisen und Literaturverzeichnis. Sprachlich fallen in wissenschaftlichen Texten lange Sätze, die Bevorzugung abstrakter Substantive anstelle von flektierten Verbformen (Nominalstil), unpersönliche Konstruktionen (Passiv) und eine hohe Dichte von Fremdwörtern auf.[12]

Wenn diese Merkmale gehäuft auftreten, verwundert es nicht, dass mit der umgangssprachlichen Bezeichnung *Fachchinesisch* ausgedrückt wird, in der Wissenschaft würde eine eigene *Sprache* gesprochen. Und dieses Fachchinesisch ist auch eher komisch als be-

---

[10] Aktuelle wissenschaftliche Stilfragen kommentieren Auer / Baßler (2007).
[11] Neben dem «Ich-Verbot» führt Weinrich (2006) auch das «Metaphern-Verbot» sowie das «Erzähl-Verbot» in wissenschaftlichen Texten an.
[12] Heinemann (2001) beschreibt diese Merkmale in Textsorten aus dem Bereich der Wissenschaft.

wunderungswürdig (und z. B. ein beliebter Gegenstand von Parodien). Auch wenn die Fachsprachlichkeit eines Textes die allgemeine Verständlichkeit ein wenig einschränkt, gibt es Spielräume, einen wissenschaftlichen Text besser lesbar zu schreiben. Nicht jeder Satz muss mehr als zehn Wörter haben und verbale Fügungen können Nominalsyntagmen ersetzen.

Und nicht zuletzt kann man auch im wissenschaftlichen Bereich durchaus einen eigenen Stil entwickeln und das Ziel nicht aus den Augen verlieren, sachlich überzeugend und zugleich ansprechend zu schreiben. Nicht nur schriftliche Texte wie Hausarbeiten und Thesenpapiere bieten Gelegenheit sich zu üben, sondern auch die gesprochene Sprache: Ob im Seminar diskutiert oder ein vorbereiteter Vortrag gehalten wird, ob in der Sprechstunde ein Thema entworfen oder im Team eine Gruppenarbeit erstellt wird – überall kann man ausprobieren, sachlich, korrekt und objektiv, aber auch individuell und verständlich zu formulieren.

3.5.2 Zitieren und Verweisen

Beim Erarbeiten eines wissenschaftlichen Textes findet ein Dialog zwischen bereits niedergeschriebenen Gedanken und Ergebnissen anderer und den eigenen Erkenntnissen und Thesen statt. Wer den daraus entstandenen wissenschaftlichen Text schließlich liest, möchte nachvollziehen, welche Schlüsselstellen dieser Dialog hatte. Das heißt, es muss deutlich werden, welche Sekundärliteratur verarbeitet wurde und wie aus diesen Texten eigene Folgerungen entwickelt wurden .

Um diese Transparenz herzustellen, werden alle Texte, auf die Bezug genommen wurde, in der Bibliographie vollständig aufgeführt. Diese Vollständigkeit garantiert aber noch nicht die Nachprüfbarkeit der Darstellung: Vielmehr ist es nötig, sich im Verlauf der Argumentation nicht auf einen ganzen Text, sondern auf eine Textstelle zu beziehen und diese, wo es nötig ist, genau anzugeben, also zu zitieren.

Für die Form eines Literaturverweises gibt es unterschiedliche Möglichkeiten. In der romanischen Sprachwissenschaft hat sich eine Kurzform durchgesetzt, nach der ein Titel im Text durch die Angabe von Nachname des oder der Autoren, Erscheinungsjahr der Publikation und Seitenzahl zitiert wird. Diese Angabe wird in der Regel im Haupttext gemacht und in Klammern gesetzt. Wenn also nach einem Zitat ein Literaturverweis in Kurzform erfolgt, braucht dafür keine Fußnote eingerichtet zu werden. Auch in den folgenden Beispielen wird diese Kurzform des Literaturverweises (z. B.: «Müller 2012: 12») verwendet.

3.5.3 Vier Arten von Verweisen

Grundsätzlich sind vier Arten von Verweisen zu beobachten. Wann und wo diese jeweils eingesetzt werden, ist auch eine Frage des persönlichen Stils, der sich mit der Zeit entwickelt.

– Verweis auf ein Werk: Einige Texte sind so bekannt, dass schon die Nennung eines Autors oder eines Werkes Bände spricht, auch in Verbindung mit einem theoretischen Konzept. Aber: Diese Verweisform sollte nur sehr sparsam eingesetzt werden; gerade bei so genannten Standardwerken lohnt es sich, sie nicht auf Schlagwörter zu verkürzen, sondern sie immer wieder neu zu lesen und Begriffsdefinitionen zu erarbeiten.

(1)   Bühler (1982 [1934]) stellte die Funktionen der Sprache im Organon-Modell graphisch dar.

– Paraphrase: Fast immer gewinnt die Darstellung durch den konkreten Bezug auf eine Textstelle. Diese kann in eigenen Worten umschrieben, d. h. paraphrasiert werden; auch in diesem Fall eines indirekten Zitats wird mit der Angabe von Autor, Jahr und Seite auf genau diese Textstelle verwiesen.

(2)   Nach Bühler (1982 [1934]: 28) hat das sprachliche Zeichen drei Grundfunktionen.

– Teilzitat: Im zuletzt genannten Beispiel findet sich auf der angegebenen Seite weder das Wort «Grundfunktion(en)» noch der Ausdruck «das sprachliche Zeichen». Wenn es im Kontext wichtig ist, terminologisch dicht am Original zu bleiben, empfiehlt sich die Form des Teilzitats, in dem Ausdrücke oder ganze Satzteile in den eigenen Text eingefügt werden:

(3)   Das Organon-Modell beschrieb Bühler zuerst in seiner Arbeit über den Satz, wo er «Kundgabe, Auslösung und Darstellung» als «Leistung[en] der menschlichen Sprache» nennt (Bühler 1918, nach id. 1982 [1934]: 28).

– Zitat: Besonders, wenn Definitionen zitiert werden, oder wenn eine zentrale These formuliert wird, passt am besten eine vollständige Wiedergabe auch längerer Sätze, die dann über mehrere Zeilen gehen können und eingerückt werden.

(4)   Die Linienscharen symbolisieren die semantischen Funktionen des (komplexen) Sprachzeichens. Es ist *Symbol* kraft seiner Zuordnung zu Gegenständen und Sachverhalten, *Symptom* (Anzeichen, Indicium) kraft seiner Abhängigkeit vom Sender [...], und *Signal* kraft seines Appells an den Hörer, dessen äußeres oder inneres Verhalten es steuert wie andere Verkehrszeichen (Bühler 1982 [1934]: 28, Hervorhebungen im Original).

Andernorts veröffentlichte Texte werden oft in veränderter Form in den eigenen Text übernommen; dies muss gekennzeichnet werden. Auch typographische Veränderungen in einem Zitat werden gekennzeichnet. Dabei gelten folgende Regeln:

– Eigene Auslassungen werden durch «[...]» gekennzeichnet.
– Ergänzte Buchstaben, die z. B. bei Teilzitaten nötig sind, werden in eckige Klammern gesetzt.
– Längere Zitate ab drei Zeilen werden typographisch vom Text abgesetzt und durch eine eigene Formatierung hervorgehoben, z. B. in *petit* 'kleiner als die Grundschrift', in engerem Zeilenabstand gesetzt und eingerückt. In diesem Fall kann auf Anführungszeichen verzichtet werden.
– Wenn in einem Zitat ein Ausdruck fett oder kursiv gesetzt wird, der im Original nicht hervorgehoben ist, wird darauf hingewiesen, z. B. durch die eigenen Initialen im Zusatz

«Hervorhebung A.G.» nach dem Zitat. Wenn aber bereits im Original ein Ausdruck fett oder kursiv gesetzt ist, wird auch darauf hingewiesen, z. B. durch den Zusatz «Hervorhebung im Original».
- Wenn im Zitat ein Ausdruck in Anführungszeichen steht, entweder als Zitat oder als Hervorhebung, so werden diese durch einfache Anführungszeichen ersetzt (Zitat im Zitat).
- Wenn ein Zitat aus der Sekundärliteratur entnommen wird (also aus zweiter Hand zitiert wird), müssen zwei Herkunftsangaben gemacht werden: Nötig ist in diesem Fall der Beleg für das Zitat und die Stellenangabe des Fundortes, eingeführt durch «zitiert nach» oder durch «apud» (lat. 'bei'). Dieses Verfahren klingt umständlich und ist es auch; es sollte für Fälle reserviert werden, in denen nicht aus erster Hand zitiert werden kann, das heißt, wenn das Werk, aus dem zitiert wird, nicht zur Verfügung steht.
- Fehler / ungewöhnliche Formen, die aus dem Original übernommen werden, beim Lesen aber irritieren könnten, werden als original durch [sic] 'so', d. h. 'so im Original' gekennzeichnet. Mit diesem Hinweis sollte sehr sparsam umgegangen werden. Bevor [sic] vermerkt wird, sollte sichergestellt sein, dass die Form tatsächlich so ungewöhnlich ist und dass nicht doch zuerst eine eigene Wissenslücke zu schließen wäre – dies nachzuprüfen, kann sich wirklich lohnen.

Wenn fremdsprachige Literatur zitiert wird, wird im eigenen Text das deutsche Äquivalent eines Fachworts verwendet; es sei denn, es soll auf eine spezielle Verwendung oder Definition hingewiesen werden. Auch bei solchen Übersetzungen muss auf «falsche Freunde» geachtet werden. So ist die Entsprechung für engl. *linguistic*, frz. *linguistique*, it. *linguistico* und sp. *lingüístico* je nach Kontext dt. *linguistisch* (*eine linguistische Fragestellung*) oder *sprachlich* (*sprachliche Merkmale*).

3.5.4   Wie oft und wie viel soll zitiert werden?

Auf diese Fragen kann keine allgemein gültige Antwort gegeben werden. Am besten hilft es, sich gute Vorbilder zu suchen und schon bei der Auswertung der Sekundärliteratur darauf zu achten, wie Autorentext und Belege aus der Sekundärliteratur miteinander verknüpft werden. Dennoch sollen zwei häufig gestellte Fragen kurz behandelt werden. Denn hier geht es um weit mehr als um Formalia.

Die erste Frage zum Zitieren betrifft den Fall, dass über mehrere Absätze oder sogar Seiten aus dem gleichen Werk zitiert wird. Wie oft und wo sollen in diesem Fall Verweise gesetzt werden?

Wenn tatsächlich die Darstellung sehr nah an einer Vorlage bleibt, reicht es nicht, zu Anfang des Kapitels einen Verweis zu setzen, sondern es muss in jedem Absatz, in dem eine Paraphrase zu finden ist, auch auf die Vorlage verwiesen werden. Das kann dazu führen, dass das Erscheinungsbild der Arbeit etwas monoton wirkt, wenn immer wieder der gleiche Verweis zu lesen ist. Diese Monotonie ist dann aber nicht der korrekten Zitierform anzulasten sondern kann zum Anlass genommen werden, die eigene Arbeitsweise zu hinterfragen.

Einige selbstkritische Gedanken können der Frage gelten, ob es zum behandelten Thema wirklich keine andere Sekundärliteratur als den mehrfach und wiederholt zitierten Titel gibt. Anspruchsvoller wird eine Arbeit, wenn zum gleichen Thema unterschiedliche Texte gelesen und miteinander in Beziehung gesetzt werden.

Wenn im fraglichen Bereich tatsächlich wenig strittige Punkte zu finden sind und also kaum Notwendigkeit besteht, das Thema von verschiedenen Gesichtspunkten zu betrachten, kann auch gefragt werden, welche Funktion die betreffenden Passagen für die Arbeit haben. Kann es sein, dass die entsprechenden Abschnitte wenig zur Gesamtargumentation der Arbeit beitragen? Dann kann die monoton erscheinende Zitiertechnik dadurch vermieden werden, dass das gesamte Kapitel gekürzt wird.

Eine zweite grundlegende Frage bei der Arbeit mit Sekundärliteratur ist diejenige, wie umfangreich ein Zitat sein sollte und wie das Verhältnis von eigenem Text und Zitaten sein sollte. Wenn größere Unsicherheiten bestehen, dann liegt das Problem nicht bei der Form (wie wird zitiert?) sondern am Inhalt: Wenn keine andere Möglichkeit gesehen wird, als Zitat an Zitat zu reihen, dann sollte das Thema geändert oder gewechselt werden, weil es offenbar zu wenig Möglichkeiten eröffnet, eigene Gedanken zu formulieren.

3.5.5   Einbinden von Sprachbeispielen

Wie Texte aus der Sekundärliteratur werden auch die verwendeten Sprachbeispiele in den eigenen Text eingebunden. Besonders im Kontext von Arbeiten, die sich mit grammatischen Fragestellungen befassen, ist es dabei üblich geworden, Beispielsätze zu nummerieren,[13] damit eindeutig auf jeden Beleg verwiesen werden kann. Auch im vorliegenden Buch werden Beispiele (für Zitate u. ä.) fortlaufend nummeriert. Wenn solche Beispielsätze kommentiert oder klassifiziert werden, kann dies im Text mit Verweis auf die Nummer des Beispielsatzes geschehen.

Wenn die Sätze nicht zu Demonstrationszwecken selbst konstruiert wurden, wird ein Beleg angefügt, auch wenn es sich bei zitierten Sprachbeispielen um Belege aus dem eigenen Arbeitskorpus handelt. Dieser Beleg soll möglichst kurz, aber eindeutig auf die betreffende Stelle im Arbeitskorpus verweisen. Dafür ist es angeraten, die verwendeten Sprachmaterialien im Anhang zu dokumentieren und zu gliedern. Lange Texte bzw. umfangreiche Materialien können in elektronischer Form gesichert und auf einem Datenträger zur Verfügung gestellt werden. Wenn in größerem Umfang eigenes Sprachmaterial erschlossen wurde, ist dies in einem eigenen Abschnitt zu erläutern (→ Kap. 7).

---

[13]   Diese Nummerierung kann mit Hilfe einer Formatvorlage automatisch erzeugt werden; eine Beschreibung für die Einrichtung einer Formatvorlage findet sich in Kürschner (2007).

3.5.6   Fußnoten

In der romanistischen Linguistik ist es üblich geworden, Verweise auf die Sekundärliteratur in Kurzform in den Text einzubinden; in Klammern wird auf Autor, Jahr und Seite verwiesen. Daneben werden Fußnoten für Textkommentare eingesetzt; Fußnoten, die ausschließlich die Angabe «Autor Jahr: Seite» enthalten, sind unüblich geworden. Eine Fußnote wird so eingerichtet, dass eine hochgestellte Zahl hinter dem zu kommentierenden Wort, Teilsatz oder Satz auf die Wiederholung dieser Zahl am Fuß der Seite verweist, wo der Kommentar untergebracht ist.[14] Dabei ist darauf zu achten, dass die Fußnotenzahl hinter dem Satzzeichen steht, wenn sie sich auf den ganzen vorherigen (Teil-)Satz bezieht (Duden, *Richtlinien für den Schriftsatz*, s. v. *Fußnoten- und Anmerkungszeichen*). Die folgenden Beispiele zeigen zuerst einen Kurzverweis und dann einen Verweis mit Kommentar in der Fußnote.

(5)   Grafton (1997) geht der Geschichte der Fußnote bis ins 17. Jh. nach.
(6)   Die Geschichte der Fußnote lässt sich bis ins 17. Jh. zurückverfolgen.[15]

Typische Inhalte einer Fußnote sind die folgenden:

– Die Angabe einer Belegstelle soll kommentiert werden: Für die Definition eines Fachworts wird nicht einfach auf einen Autor (mit Angabe von Jahr der Publikation und Seitenzahl) verwiesen, sondern es wird z. B. erläutert, in welchem Kontext es definiert wird, worauf es sich bezieht oder welche weiterführenden Texte zu nennen sind.
– Ein Kurzverweis wird durch ein Zitat ergänzt: Falls im Text eine Formulierung paraphrasiert wird, kann der volle Wortlaut des Zitats in der Fußnote wiedergegeben werden. In diesem Fall steht die Angabe der Belegstelle nach dem wörtlichen Zitat.
– Der Text soll durch Informationen entlastet werden, welche sich nicht flüssig lesen lassen und nur für wenige Leser interessant sind: Zur Nachprüfbarkeit der Darstellung sind oft detaillierte Quellenangaben mit Angabe von Archivsiglen oder Zahlenreihen erforderlich.
– Kurze Exkurse: Ein weiterführender Gedanke führt vom Kapitelthema ab, bringt aber ein wichtiges Argument oder weist auf ein Forschungsdesiderat hin.

Fußnoten erfordern vom Leser die Entscheidung, der Hauptargumentation zu folgen oder sich auf eine vertiefte Lektüre und die Diskussion der Quellen einzulassen. In welchem Umfang diese Arbeit vom Leser verlangt wird, muss gut überlegt werden. Dabei ist der Vorteil genauer Dokumentation und ggf. Argumentation gegen den Nachteil einer Zerfaserung des Gedankengangs abzuwägen. Besonders Exkurse in Fußnoten sind sehr kritisch zu betrachten:

---

[14] Alternativ zu Fußnoten werden auch Endnoten verwendet, welche am Ende des Textes die hochgestellte Ziffer wiederholen und dem Kommentar zuordnen.
[15] Grafton (1997) arbeitet für die Geschichtswissenschaft die Bedeutung des *Dictionnaire historique et critique* (4 vol., 1694–1697) heraus, in welchem der Autor Pierre Bayle die Artikel durch ausführliche Fußnoten ergänzte.

- Ist der Gedanke wirklich relevant? Wenn nicht, kann die Fußnote ersatzlos entfallen, wodurch die Arbeit an Stringenz gewinnt.
- Ist der Exkurs in der Fußnote sehr lang? Wenn dies der Fall ist, kann der Gedanke im laufenden Text in einem eigenen Abschnitt oder sogar in einem eigenen Unterkapitel vermutlich besser entwickelt werden.

Der Umgang mit Fußnoten kann nicht nur beim Verfassen eigener Texte, sondern auch bei der aufmerksamen Lektüre der Sekundärliteratur im Hinblick auf den Einsatz von Fußnoten geübt werden.

3.6 Die Formatierung

3.6.1 Objektsprache und Metasprache

Sprachwissenschaftliche Texte haben eine vorwiegend metasprachliche Funktion:[16] Wir sprechen mit der Sprache über die Sprache. In dieser Situation können Missverständnisse auftreten: «Der verwendete Ausdruck ist fehlerhaft». Soll hier auf einen fehlerhaften Ausdruck hingewiesen werden? Oder wird darauf aufmerksam gemacht, dass in einem speziellen Kontext dieses Wort (fehlerhaft) verwendet wird? Es wird nicht deutlich, wo wir über Sprache sprechen (solche Äußerungen gehören zur Metasprache) und wo ein Sprachbeispiel als Gegenstand der Beschreibung zitiert wird (solche Äußerungen gehören zur Objektsprache). Metasprache und objektsprachliche Belege müssen, um solche Missverständnisse zu vermeiden, typographisch deutlich voneinander getrennt werden. Dafür ist die Hervorhebung des objektsprachlichen Belegs durch Kursivierung eingeführt worden. Im folgenden Beispiel wird durch die Kursivierung deutlich, dass es um das Wort *fehlerhaft* als sprachliches Beispiel geht – nicht etwa darum, dass jemandes Ausdruck bemängelt wird:

(7)   Der verwendete Ausdruck ist *fehlerhaft*.

Oft steht vor dem objektsprachlichen Beleg auch die Sprachabkürzung:

(8)   Ähnlich wie frz. *alors* wird auch it. *allora* häufig als Diskursmarker verwendet.

Lateinische Belegwörter werden in Kapitälchen gesetzt. Kapitälchen haben die gleiche Form wie Majuskeln (Großbuchstaben), nehmen aber in der Höhe nur so viel Platz ein wie Minuskeln (Kleinbuchstaben).

(9)   Das Etymon von frz. *chèvre* ist lat. CAPRA.

---

[16] Dieser Begriff geht auf Jakobson (1971) zurück.

Üblicher ist aber eine Kurzform, welche die historische Entwicklung durch eine schließende spitze Klammer mit der Bedeutung 'wird zu' verdeutlicht: lat. CAPRA > frz. *chèvre*. Auch in der Semantik werden Kapitälchen eingesetzt, um Konzepte und kognitive Kategorien zu bezeichnen. Teilweise ist es erforderlich, noch feiner zu differenzieren und z. B. Kapitälchen mit Anführungszeichen zu kombinieren; in diesem Fall wird die typographische Bedeutung in einem mit *Typographische Konventionen* o. ä. überschriebenen Absatz erläutert.[17]

Bedeutungsangaben werden in Anführungszeichen gesetzt. Dafür wird eine andere Form von Anführungszeichen als bei Zitaten gewählt. Häufig werden für Bedeutungsangaben einfache Anführungszeichen verwendet wie im folgenden Beispiel:

(10)   lat. HOMO 'Mensch' > frz. *homme* 'Mensch, Mann'

Diese Kurzform macht es überflüssig, Bedeutungsangaben mit Gleichheitszeichen anzuführen (das ist keine fachsprachlich richtige Form) oder in Klammern zu setzen oder mit *das bedeutet* umständlich einzuleiten. Häufig werden für Bedeutungsangaben einfache Anführungszeichen verwendet, um sie deutlich von Zitaten abzusetzen. Manchmal wird dabei eine weitere Kategorie von Anführungszeichen für Zitate in Zitaten eingeführt, z. B. bei der Verwendung der französischen Guillemets für Zitate: «innerhalb von Zitaten ‹einfache› Guillemets».

3.6.2   Hervorhebungen

Im mündlichen Vortrag gibt es viele Möglichkeiten, einen Terminus oder einen Satz hervorzuheben: Eine Kunstpause weckt Aufmerksamkeit, die Aussprache wird langsam und deutlich oder laut und emphatisch. Bei der Verschriftung werden solche Hervorhebungen teilweise durch Großschreibung oder durch Emoticons wie Smileys im Bereich der CMC (*computer mediated communication*) durch Kursivierung oder durch Fettdruck vorgenommen. Wenn ein Sprachbild verwendet wird oder ein Ausdruck uneigentlich verwendet bzw. neu geprägt wird, setzt man ihn in Anführungszeichen. Ein solcher Gelegenheitsgebrauch eines Ausdrucks wird auch als okkasionelle Verwendung bezeichnet:

(11)   Belege aus dem Internet sind nicht das «Fast Food» der Sprachanalyse.

Typographische Hervorhebungen sollten schon aus dem Grund sehr sparsam eingesetzt werden, dass viel nicht viel hilft, sondern im Gegenteil ein Text durch häufige Hervorhebungen unruhig und eher spontan als gut überlegt wirkt. Auch wird in sprachwissenschaftlichen Texten normalerweise darauf geachtet, dass nur die Sprachbeispiele (objektsprachliche Belege) kursiv gesetzt werden.

---

[17]   Dies ist z. B. der Fall in Blank (2001: VIII).

Die anderen wirklich nötigen Hervorhebungen werden durch Anführungszeichen oder – aber das ist fast nur in Lehrwerken üblich und sollte vermieden werden – durch Fettdruck gekennzeichnet. Es lohnt sich, bei der Abschlusslektüre die eigenen Hervorhebungen noch einmal kritisch durchzugehen. Ist es wirklich nötig, einen Ausdruck in Anführungszeichen zu setzen – ist er so schwer zu verstehen? Oder gibt es stattdessen einen treffenderen Ausdruck, der selbstverständlich mitteilt, was gemeint ist?

3.6.3 Abbildungen und Tabellen

Viele Zusammenhänge lassen sich am besten durch Abbildungen oder Tabellen veranschaulichen. Diese Elemente dürfen aber nicht zusammenhanglos im Text stehen. Zum einen muss eindeutig zu identifizieren sein, was dargestellt wird, zum anderen muss jedes graphische Element eine Funktion im Argumentationsverlauf haben.

Diese beiden Ziele werden durch die Beschriftung und durch die Zitation im Text erreicht. Bei Tabellen ist die Beschriftung vorangestellt (Tabellenüberschrift), bei Abbildungen findet man den Titel und ggf. die Quellenangabe unterhalb (Abbildungsunterschrift). Tabellenüberschriften bzw. Abbildungsunterschriften enthalten mindestens eine Nummerierung und einen Titel, ggf. ergänzt durch die Quellenangabe.

Die fortlaufende Nummer kann unterschiedliche Formen annehmen, also z. B. «Tab. 1: Alter und Schulabschluss der Informanten» oder «Abb. 1» bzw. «Fig. 1: Migrationsbiographie der Informantin». Ob «Abb.» für 'Abbildung' oder «Fig.» für lat. 'figura' oder engl. 'figure' gewählt wird, hängt davon ab, welche Sprache für Abkürzungen im Text verwendet werden. Diese eindeutige Beschriftung ermöglicht es, dass man im Text darauf verweist, wo es inhaltlich passt, auch wenn die Tabelle oder Abbildung z. B. erst eine Seite nach dem Verweis folgt.

Ohne einen solchen Verweis im Zusammenhang einer Textpassage, deren Argumentation die jeweilige Tabelle oder Abbildung stützen soll, verlieren diese Elemente an Aussagekraft, denn die Erwähnung im Text soll eine Interpretation vorschlagen und die Aufmerksamkeit auf die relevanten Informationen richten. Gleichzeitig können die Leser diese Interpretation durch den Rückgriff auf die Tabellen und Graphiken selbst überprüfen. Der Verweis hat eine knappe Form (12), die umständliche Umschreibungen überflüssig macht.

(12) Unter den jüngeren Informanten schlossen nur zwei die Schule mit dem Abitur ab (Tab. 1).

Die Regel, dass jede Abbildung oder Tabelle im Text zitiert werden muss, kann eine gute Nebenwirkung haben: wenn nicht klar ist, wo ein solcher Verweis eingefügt werden kann, ist dieses Element vielleicht ganz funktionslos. In diesem Fall kann nicht nur auf den Verweis, sondern überhaupt auf die Abbildung oder Tabelle verzichtet werden.

Wenn Abbildungen oder Tabellen aus der Sekundärliteratur übernommen werden, ist die Erwähnung der Quelle Bestandteil der Tabellenüberschrift bzw. der Abbildungsunterschrift. Dies gilt unterschiedslos auch, wenn bildliche oder tabellarische Informationen aus dem Internet eingefügt werden. Wenn eine Tabelle oder Abbildung bereits mit Legende und Unter- bzw. Überschrift übernommen wurde, muss die eigene Beschriftung natürlich darauf abgestimmt werden. Wiederholungen sind zu vermeiden.

Wenn das Thema Beispiele aus dem Internet oder die Arbeit mit speziellen Programmen umfasst, kann es sinnvoll sein, einen Screenshot einzufügen, der zeigt, wie sich eine Webseite oder ein Programm zu einem bestimmten Zeitpunkt auf dem Computerbildschirm darstellt. Ein Screenshot wird (in Windows®) so erstellt, dass die gewünschten Inhalte auf den Computerbildschirm gerufen werden und mit der Taste «Druck» in die Zwischenablage kopiert werden; in iOS® wird dafür eine Tastenkombination gewählt (Netzschalter und Home). Dann wird die Zieldatei geöffnet und durch die Tastenkombination «Strg» + «V» wird der Screenshot als Bild eingefügt und wie andere Bilder auch formatiert.

3.6.4   Sonderzeichen

In den gängigen Textverarbeitungsprogrammen stehen für alle Diakritika (Akzent, Gravis, Akut, Zirkumflex), Anführungszeichen und für andere typographische Zwecke Sonderzeichen zur Verfügung. Einfacher, als diese als «Symbol» einzufügen, und auf die Dauer zeitsparender ist es aber, den Nummernblock der Tastatur zu verwenden und die Sonderzeichen mit kurzen Zahlenfolgen zu erzeugen. Diese Zahlenfolgen (ASCII-Codes) werden bei gehaltenem Druck auf «Alt» eingegeben. Voraussetzung ist, dass «Num-Lock» aktiv ist. Eine Aufstellung der für die Alphabete der romanischen Sprachen wichtigsten Zahlenkombinationen findet sich im Anhang. Für die phonetische Umschrift empfiehlt es sich, einen Zeichensatz der IPA (*International Phonetic Association*) zu installieren (→ Kap. 7.3.2).

3.6.5   Abkürzungen

Im romanistischen Bereich sind die lateinischen Abkürzungen sehr verbreitet. Daneben sind aber auch die deutschen Versionen in Gebrauch – und die französischen, englischen, italienischen, portugiesischen, rumänischen oder spanischen Entsprechungen, welche in vielen Fällen mit den lateinischen Formen übereinstimmen. Die wichtigsten Abkürzungen sind im Anhang in einer Übersicht zusammengefasst. Innerhalb einer Arbeit sollte das Prinzip der Homogenität auch für die Sprache der Abkürzungen gelten.

3.6.6   (Automatische) Formatierung

Selbstständig korrigierende Textverarbeitungsprogramme nehmen viel Arbeit ab. Dem Prinzip des WYSIWYG (*What You See Is What You Get*) zufolge hat der Text gleich bei der Eingabe das richtige Layout. Aber bei genauer Betrachtung verursachen Textverarbeitungsprogramme auch viele Fehler:[18] Geradezu klassisch ist die «Korrektur» von it. *dei bambini* in it. *die bambini* in deutschen Texten bei aktivierter Auto-Korrektur. Darum sollten vor der Abfassung eines wissenschaftlichen Textes sämtliche Autokorrekturfunktionen ausgeschaltet werden (in Word® unter Extras-Optionen). Wenn die Autokorrektur unverzichtbar ist, sollten alle fremdsprachigen Zitate der jeweiligen Herkunftssprache zugewiesen werden, soweit dies durch die jeweils verwendete Textverarbeitung vorgesehen ist. Schwierig wird es bei historischen Schreibungen, die von der heutigen Norm abweichen. In diesem Fall sollte die Autokorrektur ausgeschaltet bleiben.

Ein weiteres Problem stellen die vielfältigen typographischen Möglichkeiten dar. Die automatische Überschriftenformatierung schlägt z. B. vor, eine Überschrift größer, fett und kursiv zu setzen. Damit wird die Überschrift aber dreifach hervorgehoben. Angenehmer für das Auge und professioneller ist es, mit Auszeichnungen (also Hervorhebungen wie größer, fett, kursiv, unterstrichen) sehr sparsam umzugehen.

Wichtig ist es außerdem, nicht zu viele verschiedene Absatzformate zu wählen. Bei Referatshandouts sind z. B. Aufzählungen, die automatisch als Listen formatiert werden, beliebt, und oft findet sich auf einem einzigen Handout eine ansehnliche Auswahl der verfügbaren Listenmarkierungen: Punkte (*bullet-points*), Haken, Spiegelstriche, Sternchen etc.

Da ein Handout für einen schnellen Überblick sorgen soll, irritiert diese Vielfalt, zumal wenn der Versuch, den unterschiedlichen Formaten unterschiedliche Textfunktionen zuzuordnen, ins Leere läuft, weil die Auswahl dem Zufall überlassen wurde. Weniger ist also mehr.

Um den Überblick zu behalten und die Abschlussformatierung nicht zu aufwändig werden zu lassen, sollte jedem Absatz entsprechend dem Gebrauch der Textverarbeitung ein Absatzformat zugewiesen werden, z. B. mit Hilfe der Formatvorlage in Word®.

Wenn jedem Textbestandteil in der Formatvorlage der entsprechende Status zugewiesen wurde (z. B. «Standardabsatz», «Überschrift 1», «Liste»), kann zum Schluss die Formatierung für jeden Absatztyp in der Formatvorlage festgelegt werden, ohne dass jeder Absatz im Text einzeln per Hand markiert und formatiert wird. Die Zeit, die anfangs in das Arbeiten mit Formatvorlagen investiert wird, ist daher am Ende der Arbeit ein großes Guthaben.

Außerdem sind einige keineswegs nebensächliche Details zu beachten, die dem Text den Rahmen geben, den er verdient.

– Fußnoten beginnen mit einem Großbuchstaben und werden mit Punkt abgeschlossen.
– Vor einer öffnenden Klammer und nach den Satzzeichen (Punkt, Komma, Semikolon, Fragezeichen) wird ein Leerzeichen (Spatium) gesetzt, nicht aber nach der öffnenden Klammer und vor den Satzzeichen. In französischen Texten ist ein anderer Gebrauch üblich, hier werden auch vor Doppelpunkt und Semikolon Leerzeichen gesetzt.
– Ein Trennstrich bzw. Bindestrich (frz. *grand-père*) und ein Gedankenstrich – zur Kenn-

---

[18] Wer die im Folgenden textverarbeitungstypischen Probleme vermeiden will, dem seien alternative Textsatzprogramme wie LaTex (→ Kap. 4.4.1) empfohlen.

zeichnung eines Einschubs – haben nicht die gleiche Länge. Der Trenn- bzw. Bindestrich ist kurz, der Gedankenstrich (Spiegelstrich) ist länger und wird als Halbgeviertstrich bezeichnet (In der Textverarbeitung kann er in den Symbolen ausgewählt oder durch eine Tastenkombination (*shortcut*) erzeugt werden). Der Halbgeviertstrich wird auch zwischen Zahlen gesetzt, so bei Jahresangaben oder im Literaturverzeichnis bei den Seitenzahlen.

– Vor und nach Schrägstrichen kann ein Leerzeichen (Spatium) gesetzt werden; in jedem Fall sollte mit allen Schrägstrichen einheitlich verfahren werden. Es kann auch eine Sonderregelung für Ziffern getroffen werden, wie es im vorliegenden Buch getan wird: So wird in der Bibliographie der Schrägstrich zwischen Autorennamen oder Erscheinungsorten mit Spatium gesetzt (Berlin / New York), zwischen Ziffern hingegen nicht (1914/1918).

3.7 Die Korrekturphase

Am besten bleibt die Arbeit nach Abschluss der Schreibarbeiten einige Tage liegen, damit der Text danach neu und kritisch gelesen und korrigiert werden kann. Für die Abschlusskorrektur sollte der Text in gedruckter Form vorliegen. Am besten ist es, die Arbeit mehrmals zu lesen und bei jedem Durchgang auf andere Aspekte zu achten.

3.7.1 Schreiben und Streichen

Bei der Bewertung wissenschaftlicher Arbeiten wird auch die Gedankenführung beurteilt. Ein Kriterium ist dabei die Stringenz, d. h. die Schlüssigkeit des Textes. Weiterhin wird die Textkohärenz beurteilt, also ob die einzelnen Abschnitte auf überzeugende Art und Weise in einen Zusammenhang gebracht werden. Wenn zu viele gedankliche Abwege beschritten werden, geht dieser Zusammenhang verloren.

Das Lesen wissenschaftlicher Texte, das Exzerpieren, Bibliographieren, Zitieren und schließlich das Verfassen eines eigenen Beitrags machen viel Arbeit. Insofern ist es verständlich, wenn ein sorgfältig recherchierter und schön formulierter Absatz als Textbaustein von Kapitel zu Kapitel verschoben wird, auch wenn er sich nirgends richtig einfügt. Die Erfahrung zeigt aber, dass solche heimatlosen Absätze nicht fehlen, wenn sie gestrichen werden.

Der Aufwand, den die Erarbeitung machte, rechtfertigt es leider nicht, einen Absatz stehen zu lassen, der keine notwendigen Informationen oder Argumente enthält. Dieser Aufwand wird aber dadurch entlohnt, dass der persönliche Erkenntnisgewinn auch dann erhalten bleibt, wenn der Text um einen Absatz oder ein Kapitel erleichtert wird.

Bevor ein Manuskript für die Endfassung gekürzt wird, sollte es in voller Länge unter einem anderen Namen gespeichert werden, damit alle recherchierten und formulierten Informationen verfügbar bleiben – vielleicht sind sie für einen späteren Zweck nützlich, oder in einer späteren Arbeitsphase wird eine bereits gelöschte Passage wieder interessant.

3.7.2   Lesedurchgänge

Erster Lesedurchgang: Inhalt und Schlüssigkeit
– Sind Einleitung und Schlussteil stringent aufeinander bezogen? Wird zu den Fragen, die einleitend gestellt wurden, abschließend Stellung bezogen?
– Welches sind die Ergebnisse der Arbeit? Sind sie deutlich herausgearbeitet?
– Sind Zitate und Verweise eindeutig, so dass immer klar ist, ob selbst formuliert wird oder Gedanken und Formulierungen aus der Sekundärliteratur wiedergegeben werden?

Zweiter Lesedurchgang: Sprachliche Richtigkeit und Ausdruck
– Zum Ausprobieren: Überzeugt der Text auch, wenn er laut vorgelesen wird?
– Stimmen transkribierte Passagen mit den Vorlagen überein?
– Wurden alle Fachtermini korrekt verwendet?
– Sind die Sprachbeispiele korrekt geschrieben, kursiv gesetzt und ggf. übersetzt?

Dritter Lesedurchgang: Form
– Findet sich zu jedem Literaturverweis im Text der entsprechende Eintrag in der Bibliographie? Stimmen Autor und Jahreszahl in Text und Bibliographie überein?
– Beginnen die Fußnoten mit Großschreibung und enden sie mit einem schließenden Satzzeichen?
– Ist das Literaturverzeichnis alphabetisch sortiert und konsequent eingerichtet?
– Ist der Umbruch akzeptabel, d. h. stehen keine Überschriften, führende oder schließende Zeilen eines Absatzes ohne folgenden Text am Fuß einer Seite?
– Ist die automatische Silbentrennung aktiviert und korrekt durchgeführt? Wenn – wie es bei fachsprachlichen Texten oft vorkommt – ein längeres Wort dem Silbentrennungsprogramm nicht bekannt ist, kann durch einen «bedingten Trennstrich" angegeben werden, wo getrennt werden darf.[19]
– Sind die Angaben des Inhaltsverzeichnisses – Wortlaut der Überschriften und Seitenzahlen – korrekt?

3.7.3   Hilfe bei den Korrekturarbeiten

Zu den schönen Aspekten des Studiums gehört es, mit Gleichgesinnten zu diskutieren und Referate oder Prüfungen vorzubereiten. Auch in der Schlussphase einer Seminar- oder Qualifikationsarbeit sind solche Vertrauenspersonen wichtig. Sie sollten auch wissen, wie

---

[19] Der bedingte Trennstrich kann durch eine Tastenkombination erzeugt werden, z. B. «Strg» + «-».

Kritik aufbauend formuliert wird – und sich andererseits nicht mit Hinweisen zurückhalten, wenn tatsächlich Verbesserungen nötig sind. Lesedurchgänge von Freunden, Bekannten oder Familienangehörigen können sehr sinnvoll sein, erfordern aber, dass zum Schluss dafür genug Zeit zur Verfügung steht. Auch erleichtert es diese Phase, wenn unterschiedlichen Personen unterschiedliche Schwerpunkte aufgegeben werden, z. B. die Korrektur der fremdsprachlichen Zitate, die deutsche Rechtschreibung, die inhaltliche Stringenz oder die fachliche Richtigkeit.

Studierende werden heute darüber hinaus mit einer Vielzahl professioneller Angebote konfrontiert, die teilweise suggerieren, dass ohne eine professionelle (d. h.: kommerzielle) Durchsicht ihrer Arbeiten kein Erfolg erzielt werden kann.

Bedenken Sie, dass das Studium gerade die Phase ist, in der Sie Ihr eigenes Urteilsvermögen und Ihre eigenen Fähigkeiten sich entfalten. Warum sollten Sie gerade in dieser Phase die Verantwortung für Arbeiten, die Ihren Namen tragen, abgeben?

Arbeitsaufgaben zu Kapitel 3

1. Suchen Sie im Literaturverzeichnis einer aktuellen Lehrveranstaltung einen Aufsatz, der Sie thematisch interessiert. Lesen Sie den Aufsatz mehrfach durch und notieren Sie, welche wichtigen Gliederungsabschnitte er enthält.
2. Unterstreichen Sie die wichtigsten Fachtermini und schlagen Sie ggf. ihre Bedeutung nach.
3. Lesen Sie den Text dann erneut und sammeln Sie Informationen, die Sie zu einem Steckbrief zusammenstellen können: Wie lautet die Fragestellung? Welcher Theorie bzw. Terminologie ist der Aufsatz verpflichtet? Welche Methode wird gewählt? Zu welchem Ergebnis kommt der Autor?
4. Klassifizieren Sie die Zitate im Text nach den genannten Kriterien.
5. Klassifizieren Sie die Fußnoten in diesem Text nach den genannten Kriterien.
6. Welches Thema könnte sich im Anschluss an die Lektüre des Aufsatzes als Thema eines Referats oder einer Hausarbeit anbieten? Welchen Aspekt würden Sie hervorheben? Welche weiterführenden Fragen lassen sich stellen?

4 Suche und Auswertung von Sekundärliteratur

Wissenschaftliche Texte stellen, wie oben bemerkt, einen Beitrag zu einer Auseinandersetzung dar.[20] Es ist also wichtig, auf vorangegangene Darstellungen, welche die eigene Fragestellung betreffen, Bezug zu nehmen. Nur so kann schließlich ein Fortschritt für die *scientific community* erzielt werden.

Sekundärliteratur wird also zum einen konsultiert, um die eigene Fragestellung zu entwickeln: Was wurde zu diesem Thema bereits geschrieben? Welchem konkreten Problem aus diesem thematischen Bereich widmet sich die eigene Arbeit? Welches sind Standardwerke bzw. Klassiker und welche Aspekte werden in jüngeren Arbeiten behandelt? Außerdem sollten Fachbegriffe richtig verwendet werden. Schließlich wird Sekundärliteratur benötigt, um Analysemethoden auszuwählen und korrekt umzusetzen. Diesen unterschiedlichen inhaltlichen Interessen entsprechen unterschiedliche Textsorten, die zum Bereich der Sekundärliteratur gehören.[21] Diese Textsorten werden in den folgenden Abschnitten beschrieben.

Ergänzend sei darum auf die sehr detaillierte und aktuelle Übersicht verwiesen, in der Hollender (2012) sowohl in die Arbeit mit Bibliotheksbeständen einführt als auch einen bibliographisch anspruchsvollen Überblick zu Internetressourcen vermittelt. Diese Darstellung ist sowohl eine anschauliche Anleitung für Anfänger als auch ein Verzeichnis von Ressourcen, die in späteren Studien- und Qualifikationsphasen genutzt werden können.

4.1 Literatursuche

Nach der Themenvergabe scheint es nahe liegend zu sein, mit den Titelstichwörtern im Internet zu suchen und den Bibliothekskatalog zu durchsuchen. Mit etwas Glück stößt man auf diese Weise auf einen Wikipedia-Artikel und ein oder zwei Monographien. Das kann ein Anfang sein, aber selten ein viel versprechender. Denn die Suche nach einem Titelstichwort greift zu kurz.

Um einen gezielten Einstieg in die Literatursuche zu finden, muss man sich mit den fachlichen Hintergründen des Themas auseinander setzen. Ziel führend ist ein systematischer Zugang. Die folgenden Abschnitte geben eine Hilfestellung, um eine fachlich geplante Suche nach Sekundärliteratur zu entwickeln. Durch die gezielte Nutzung von Bibliographien und weiteren Publikationstypen können die Sackgassen der Stichwortsuche umgangen werden.

---

[20] Die Art und Weise, in der Sekundärliteratur beim Schreiben wissenschaftlicher Texte verarbeitet wird, ist selbst Gegenstand sprachwissenschaftlicher Untersuchungen: Ausführlich behandelt Jakobs (1999) Theorie und Praxis der *Textvernetzung in den Wissenschaften*.

[21] Eine umfassende Beschreibung wissenschaftlicher Textsorten findet sich bei Heinemann (2001).

Bei der Erarbeitung eines Themas hilft die Regel «vom Allgemeinen zum Besonderen». Das bedeutet, dass zuerst die Grundbegriffe zusammengestellt werden und geprüft wird, ob ihre Bedeutung vertraut ist. Vor der Literatursuche findet also eine Informationssuche statt. Bei dieser Arbeit wird auch deutlich, auf welche thematischen Schwerpunkte sich die Suche nach Sekundärliteratur konzentriert.

Für die Suche nach Sekundärliteratur stehen zahlreiche Hilfsmittel zur Verfügung, welche am besten kombiniert verwendet werden. Wichtig ist die systematische Zusammenfassung der bibliographischen Treffer, die am besten direkt vollständig in das vorläufige Literaturverzeichnis aufgenommen werden sollten. Dazu gehört die Angabe des Standorts, d. h. die Signatur in der eigenen Bibliothek oder die Information, ob bereits eine Fernleihe aufgegeben wurde.

4.1.1   Einführungsdarstellungen

Einführende Darstellungen arbeiten das erforderliche Basiswissen eines Fachgebietes didaktisch auf, wobei ein Schwerpunkt auf der Definition und Erklärung von Grundbegriffen liegt. Einführungen richten sich jedoch nicht nur an Studienanfänger. Es gibt Einführungen, die ein enger abgegrenztes Thema behandeln, wie Blanks *Einführung in die lexikalische Semantik* (2001). In diesem Fall führen Einführungen auch in die aktuellen Forschungsfragen in dem gewählten Bereich ein.

Daher sind Einführungen auch im weiteren Studium ein bibliographisches Hilfsmittel. Bei den ersten Proseminararbeiten hilft es, das oder die einschlägige(n) Kapitel aus der Einführung noch einmal durchzulesen; oft finden sich hier auch weiterführende Literaturhinweise und Kommentare zu den fachlich einschlägigen Standardwerken.

Mit diesen Literaturhinweisen kann dann weiter gearbeitet werden. Dagegen werden zur Erarbeitung von Definitionen und Problemstellungen keine Einführungsdarstellungen zitiert, die Grundbegriffe aus didaktischen Gründen vereinfacht erläutern. Auch didaktische Materialien aus dem Internet sind nicht zitierfähig (→ Kap. 4.3.3). Aber auch hier gilt: die Literaturhinweise sind vielleicht wertvoll!

4.1.2   Handbücher

Ein Handbuch versteht sich als aktuelles und vollständiges Informationsmedium zu dem im Titel bezeichneten Sachgebiet, dies beinhaltet auch eine aktuelle und möglichst umfassende Bibliographie. In Handbuchartikeln wird auch deutlich, welche Werke als Standardwerke angesehen werden können. Die im Druckbild klar herausgearbeitete Gliederung ermöglicht es, direkt den jeweils interessanten Aspekt aufzufinden und den dort angegebenen bibliographischen Verweisen nachzugehen. Zentrale Handbuchreihen im Bereich der Sprachwissenschaft sind die Handbücher der Sprach- und Kommunikationswissenschaft (HSK, s.

einige Einträge im Literaturverzeichnis), deren Inhalte von vielen Bibliotheken auch für den elektronischen Download abonniert werden.

Bei der Literatursuche sollten auch die Handbücher von Nachbardisziplinen berücksichtigt werden. Online-Versionen wichtiger Handbücher wie das *Lexikon des Mittelalters* (LexMA online) sind an vielen Universitätsbibliotheken abonniert.

4.1.3 Bibliographien

Mit *Bibliographie* ist oft das Literaturverzeichnis einer wissenschaftlichen Arbeit überschrieben. Es gibt aber eine weitere Bedeutung: Mit *Bibliographie* kann auch eine eigene Form der wissenschaftlichen Veröffentlichung gemeint sein. Denn eine Bibliographie ermöglicht es, in der großen Menge an Publikationen, die ein Fachgebiet hervorbringt, zielgerichtet auf das jeweils interessante Teilgebiet zuzugreifen. Von großem Vorteil ist dabei, dass auch Aufsätze in Zeitschriften und Sammelbänden aufgeführt werden. Eine Bibliographie ist eine thematisch geordnete Sammlung von Literaturangaben. Sie basiert auf einer eigenen Systematik, welche die einzelnen Arbeitsgebiete eines Faches bzw. fachlichen Teilgebietes zusammenstellt.

Bibliographien werden als gedrucktes Buch oder online publiziert. In der Sprachwissenschaft wird immer nach den behandelten Sprachen und nach den historischen (diachronen) und gegenwartsbezogenen (synchronen) Fachgebieten differenziert, z. B. Syntax, Semantik, Phonetik etc. Für die Romanistik ist die *Romanische Bibliographie*, welche online zugänglich ist und jährlich in gedruckter Form erscheint, eine wichtige und umfassende Informationsquelle, die 410.000 Einträge rückläufig verzeichnet und jährlich 10.000 Neueinträge verzeichnet. Die im Internet zugängliche PDF-Version muss von Ihrer Bibliothek abonniert sein, damit Sie freien Zugang haben. Die online publizierte PDF-Version der *Romanischen Bibliographie* ist wie die gedruckte Ausgabe systematisch aufgebaut, wobei Zuordnung der aufgeführten Titel zur romanischen Sprachwissenschaft über einen vierstelligen Systemschlüssel läuft. Dieser Systemschlüssel wird am Anfang der gedruckten Ausgabe bzw. in einem separaten PDF-Dokument online erläutert. Die Zahlenkombination des Systemschlüssels ist so aufgebaut: An erster Stelle wird die behandelte Sprache mit einer Zahl kodiert, z. B. 4 für Italienisch, 5 für Französisch und 8 für Spanisch. Diesem Verweis auf die behandelte Sprache folgen drei Ziffern, die jeweils Fachgebiete und ihre Unterabteilungen bezeichnen. Wenn Sie sich für Arbeiten zum Korsischen interessieren, suchen Sie unter der Ziffer 4533. Diese vier Stellen setzen sich hierarchisch so zusammen: 4000 für *Italienisch*, 4500 für *Dialektologie*, 4530 für *Toskanische Mundarten*, 4533 *Korsika*.

Auch sollten Sie die folgenden Ressourcen kennen, die ebenfalls von den meisten Universitätsbibliotheken abonniert sind, so dass Sie freien Zugang haben. Sie finden die Internetpräsenzen daher am besten von der Startseite Ihrer Universitätsbibliothek aus.

Diese Bibliographien sind in einer Datenbank organisiert, so dass Sie die einzelnen Felder der bibliographischen Angabe, also Autor, Titel und vor allem das fachlich zutreffende Schlagwort jahrgangsübergreifend suchen können. Zu nennen ist die *Bibliography of Lin-*

guistic Literature (BLLDB), die neben romanistischen auch anglistische und germanistische Titel verzeichnet und an der Universitätsbibliothek Frankfurt am Main erarbeitet wird. Eine wichtige Referenz für alle linguistischen Disziplinen, darunter für die Romanistik, ist die Bibliographie der US-amerikanischen *Modern Languages Association* (MLA). Vor allem für die internationalen Fachzeitschriften ist *Web of Knowledge* eine unverzichtbare bibliographische Informationsquelle, auch zu diesem Portal muss die Universitätsbibliothek einen Zugang abonniert haben, damit das Angebot genutzt werden kann. *Web of Knowledge* deckt ein breites Fächerspektrum ab, linguistische Fächer stellen nur einen Teilbereich dar. Daraus können sich sinnvolle Nebeneffekte ergeben, wenn z. B. zu Ihrem Thema auch in Fachzeitschriften der Nachbarwissenschaften (Psycholinguistik, Soziologie, Geschichte) interessante Artikel erschienen sind.

4.1.4 Schneeballsystem

Das Bild des Schneeballs greift die Idee auf, dass aus einer anfänglich kleinen Menge schnell eine große Masse wird. Übertragen auf die Literatursuche heißt das, dass aus einem thematisch einschlägigen Titel über die Fußnoten und das Literaturverzeichnis Spuren zu weiteren relevanten Titeln führen. Aus einem einzelnen bibliographischen Eintrag entsteht also eine «Lawine» von Literaturhinweisen. Allerdings rollt auch dieser Schneeball nicht den Berg hinauf: Die recherchierten Titel sind naturgemäß immer älter als der zuerst ausgewertete Titel. Bei der Literatursuche sollte immer auch gezielt nach aktuellen Publikationen gesucht werden.

4.2 Literatursuche im Internet

Das Internet kann bei der Literatursuche wie ein großes Register dabei helfen, zu jedem Stichwort einen Verweis auf eine informative Textstelle zu finden, die Teil eines Hypertexts ist.

Aber die Literatursuche im Internet hilft auch, gedruckte Texte aufzufinden und die richtigen Bücher zusammenzustellen. Bei der Literatursuche im Internet helfen besonders die folgenden Arten von Webseiten weiter:

- Fachportale wie Romanistik.de bieten einen Einstieg in spezifisch romanistische Informationsangebote im Internet.[22] Dazu gehören auch die Internetpräsenzen von Fachbibliographien.
- Internetpräsentationen aktueller Forschungsprojekte beinhalten häufig auch eine Biblio-

---

[22] Weiterhin gibt es zahlreiche Buchveröffentlichungen, welche sich als fachspezifische Orientierungshilfe im Internet verstehen, so die erwähnte Einführung von Hollender (2012).

graphie, in der auch sehr neue Veröffentlichungen zum jeweiligen Thema verzeichnet sind.
– Berufliche Homepages von Wissenschaftlern umfassen in der Regel auch ein Verzeichnis der Veröffentlichungen. Wenn also aus der bisherigen Suche schon der Name eines wichtigen Autors bekannt ist, kann es sich lohnen, auf seiner Homepage nach den jüngsten Veröffentlichungen zu suchen (in der Rubrik «Schriftenverzeichnis» oder «Publikationen»). Das kann auch ein Ausweg sein, wenn ein Zeitschriftenaufsatz kurzfristig nicht zugänglich ist oder ein wichtiges Buch gerade verliehen ist. Viele Autoren stellen nicht nur die Titel ihrer Arbeiten, sondern auch die Dateien in der noch nicht gedruckten Version (engl. *preprint*) oder auch in der publizierten Form zur Verfügung. Wenn Preprints zitiert werden, wird im Literaturverzeichnis angegeben, woher die jeweilige Version stammt; sobald der jeweilige Text in der offiziellen Form erschienen ist, sollte diese zitiert werden.
– Elektronische Fassungen gedruckter Bücher, also gescannte Versionen, auch Digitalisate genannt, werden teilweise von wissenschaftlichen Einrichtungen, aber auch z. B. von GoogleBooks im Internet zur Verfügung gestellt. Selbstverständlich ist die Stichwortsuche in solchen digitalen Volltexten sehr viel ertragreicher, als wenn in einem Katalog nur die Buchtitel durchsucht werden. Außerdem wird der Kontext, in dem das gesuchte Stichwort steht, sofort einsehbar. Bücher, bei denen das Copyright abgelaufen ist, werden bei GoogleBooks oder Archive.org zum vollständigen Download angeboten. Aber bei modernen Titeln werden nur Auszüge zur Verfügung gestellt, und häufig wird die Bibliographie ausgelassen – also führt der Weg von GoogleBooks am besten direkt in die Bibliothek.

4.2.1   Stichwörter und Schlagwörter

Durch Internetrecherchen ist, wie oben dargestellt, das Suchen einschlägiger Informationen über Stichwörter sehr verbreitet und den meisten geläufig. Wenn für romanistische Zwecke mit Suchmaschinen gearbeitet wird, besteht z. B. die Möglichkeit, nur Seiten «aus Frankreich», «aus Italien» oder «aus Spanien» zu wählen. In Google wird dies durch den Zusatz «site:.fr» bzw. «site:.it» bzw. «site:.es» nach dem Suchwort erreicht. Auch für die Formulierung des Suchwortes gibt es Einschränkungsmöglichkeiten, die genutzt und erläutert werden sollten. Die Suche kann z. B. auf eine Sprache oder auf eine Domain eingeschränkt werden, so können auch gezielt die Archive von Zeitungen oder Mailinglisten durchsucht werden, wie in der folgenden Google-Suche: «verlan site:.lemonde.fr» (mit dieser Suche wird ermittelt, was aktuell in Artikeln und Blogs der Zeitung *Le Monde* über das Phänomen des Verlan geschrieben wird.). Wenn die Suchwörter in Anführungszeichen gesetzt werden, werden nur Seiten gelistet, wo sie genau in der gewünschten Zusammenstellung erscheinen. Auch können die einzelnen Suchwörter durch AND bzw. OR verknüpft werden (Bool'sche Operatoren). Die Abfrage «música OR deporte» findet Seiten, auf denen entweder von Musik oder von Sport die Rede ist, «música AND deporte» findet Seiten, auf denen von

Musik und von Sport die Rede ist. Durch ein Minuszeichen werden Wörter ausgeschlossen: Die Abfrage «música -latina» findet Seiten, auf denen diese Substantiv-Adjektiv-Verbindung nicht vorkommt.

Auch bei der Suche nach wissenschaftlicher Literatur hilft die Stichwortsuche weiter: In elektronischen Katalogen können Titelstichwörter zu einem interessanten Treffer führen, aber nur, wenn der Titel aussagekräftig ist. Das ist gerade bei wissenschaftlichen Veröffentlichungen häufig der Fall, denn anders als in der Belletristik dürfen hier ausführliche Titel gewählt werden. Aber auch ein dreizeiliger Titel kann nicht alle terminologischen Bezüge einer Arbeit ausdrücken.

Daher wurde im Bibliothekswesen eine Systematik von Schlagwörtern entwickelt, die selbstständigen wissenschaftlichen Veröffentlichungen zugewiesen werden. Schlagwörter sind diejenigen Fachtermini, die zum jeweils behandelten Thema gehören, auch wenn diese im Titel nicht ausdrücklich genannt werden, z. B. *Deixis*, *Informationsstruktur*, *Romanische Sprachen*. Schlagwörter werden teils von Autoren und Verlagen ausgewählt, teils werden sie bei der Aufnahme eines Titels in einen Katalog durch Bibliotheksmitarbeiter eingetragen.

In Bibliothekskatalogen kann – auf Papier oder digital – also stets auch systematisch gesucht werden, indem mit einem Schlagwort bzw. mit der Kombination von Schlagwörtern die einschlägigen Veröffentlichungen eines Sachgebiets ermittelt werden.

4.2.2 Bibliothekskataloge

Die ursprüngliche Funktion von Bibliothekskatalogen ist es, zu einem Buch den Standort innerhalb der Bibliothek zu finden. Daher verzeichnen Bibliothekskataloge den Standort, also den Bereich innerhalb der Bibliothek (z. B. eine Zweigbibliothek) und die Signatur. Dadurch, dass heute Bibliothekskataloge digitalisiert sind, können sie auch bei der Suche nach für das eigene Thema interessanten Titeln helfen, wenn diese nicht in der eigenen Bibliothek stehen. Das bedeutet, dass Bibliothekskataloge auch als bibliographische Ressource wichtig geworden sind.

Bibliothekskataloge wurden früher in Büchern geführt, dann wurden große Karteikartensysteme üblich (Zettelkästen). Diese ermöglichen die Suche nach einem Buch über den Namen des Autors / der Autoren, den Buchtitel sowie über Schlagwörter (→ Kap. 4.2.1). Die Suche nach Titelstichwörtern hat oft eine recht zufällige Trefferliste von Sammelbänden und Monographien zum Ergebnis, aus der nur ein kleiner Teil tatsächlich verwendbar ist. Die Suche nach bereits bekannten Autoren hilft nur dann, wenn es sich um Bücher handelt.

Die Kataloge der einzelnen Universitäten sind untereinander vernetzt. Diese Vernetzung findet im Rahmen von Bibliotheksverbünden statt und ist die Basis für gemeinsame Portale im Internet. So können über einen einzigen digitalen Katalog alle angeschlossenen Bibliothekskataloge durchsucht werden. Im *Karlsruher Virtuellen Katalog* (KVK) können nicht nur alle deutschen Bibliotheksverbünde, sondern auch die wichtigsten internationalen Zentralkataloge mit einer einzigen Abfrage durchsucht werden.

4.2.3 Fachdatenbanken

Die Internetpräsenzen der Universitätsbibliotheken beinhalten stets Übersichten und Links zu den Datenbanken, die für die Universitätsangehörigen frei zugänglich sind. Dazu gehören nicht nur Bibliographien, sondern auch Fachdatenbanken – der eigenen Disziplin und der Nachbardisziplinen. Mit Fachdatenbank werden unterschiedliche Ressourcen bezeichnet, z. B. Archive, Bibliographien, Wörterbücher oder Zeitschriftenabstracts (*Online contents*).

4.2.4 Inhaltsverzeichnisse von Zeitschriften

Die meisten wissenschaftlichen Zeitschriften sind heute im Internet vertreten und stellen die Inhaltsverzeichnisse der aktuellen und älteren Jahrgänge online. Diese Inhaltsverzeichnisse sind eine wichtige bibliographische Ressource. In einer Zeitschrift, in der ein interessanter Text gefunden wurde, findet sich mit einer gewissen Wahrscheinlichkeit auch ein weiterer thematisch einschlägiger Beitrag. Mit wenig Aufwand kann dem nachgegangen werden, in dem die Inhaltsverzeichnisse von Zeitschriften online eingesehen werden. Man kann mit den aktuellsten Jahrgängen beginnen und so weit zurück gehen, wie es aussichtsreich erscheint. Auf diese Weise können auch Zeitschriften und Jahrgänge gesichtet werden, welche bibliographisch möglicherweise (noch) nicht erfasst sind. Informieren Sie sich in der *Elektronischen Zeitschriftenbibliothek* (EZB), welche internationalen Fachzeitschriften an Ihrer Universität zugänglich sind!

Außerdem erhält der Nutzer über das Portal der Universitätsbibliothek Zugang zu den abonnierten digitalen Zeitschriften. Diese sind nach Fachgebieten geordnet. Auf der Seite der Universitätsbibliothek, im elektronischen Zeitschriftenkatalog, sind Portale oder die Homepages der elektronischen Zeitschriften verlinkt, wo die Inhaltsverzeichnisse der letzten Jahre eingesehen werden können, oft direkt mit Zugang zum Volltext des Zeitschriftenartikels.

4.3 Zitierfähigkeit (auch von Internetdokumenten)

Werke, die in wissenschaftlichen Arbeiten verwendet und entsprechend im Literaturverzeichnis angeführt werden, müssen zitierfähig sein. Indem der Text zitiert wird, wird ihm bescheinigt, dass er die Anforderungen an wissenschaftliches Arbeiten erfüllt. Gedruckte Sekundärliteratur und Internetpublikationen müssen also vor der Auswertung daraufhin geprüft werden, ob es sich um zitierfähige Werke handelt. Bei gedruckten Quellen ist dies normalerweise einfacher, weil bereits das äußere Erscheinungsbild Hinweise gibt, aber auch hier gibt es populärwissenschaftliche Textsorten, deren Zitierfähigkeit nicht auf den ersten Blick zu beurteilen ist. Im Internet sind zahlreiche neue Textsorten entstanden, die nicht immer sicher als «wissenschaftlich» eingestuft werden können. Die folgenden Kriterien helfen in Zweifelsfällen weiter.

4.3.1 Wissenschaftliche Arbeitsweise und Nachprüfbarkeit der Quellen

In wissenschaftlichen Texten werden Begriffe im fachsprachlichen Sinn verwendet, d. h. wichtige Termini werden definiert. Die Darstellung ist stringent und die Argumentation beruht auf nachprüfbaren Angaben, auf der Grundlage eines sorgfältigen Umgangs mit Sekundär- und Primärquellen. Formale Anzeichen wissenschaftlicher Arbeitsweise sind Fußnoten und Literaturhinweise, aber ob diese äußeren Merkmale halten, was sie versprechen, muss im Einzelfall inhaltlich überprüft werden.

4.3.2 Herkunft und Autorschaft

Fachbeiträge lassen sich problemlos zitieren, wenn die wissenschaftlichen Standards gewahrt sind und die Informationen über Autor, Titel, Publikationsort und Publikationsdatum ermittelbar sind. Das gilt auch für online publizierte Zeitschriften und für Texte, die Wissenschaftler auf einer eigenen Seite oder innerhalb eines Portals im Internet publizieren: Wer in wissenschaftlichem Kontext zitiert werden möchte, trägt auch die Verantwortung dafür, die für eine Literaturangabe relevanten Angaben zur Verfügung zu stellen.[23]

Diesem Maßstab wissenschaftlichen Arbeitens sind viele Internettexte nicht gewachsen. Die folgenden Fragen helfen bei der Erstellung einer vollständigen Literaturangabe (nach dem gleichen Standard, der für gedruckte Quellen gilt):

– WER ist der Autor?
– WAS wird zitiert, d. h.: hat der Text einen Titel?
– WO wird der Text verantwortet: Gibt es einen Publikationsort? Auf wessen Server liegt der Text (Universität, Institution, Zeitschrift)?
– WANN wurde der Text bzw. die Textversion abgefasst?

Diese Angaben können bei wissenschaftlich zitierfähigen Texten in der Regel recherchiert werden. Wenn es schwierig oder unmöglich ist, eine oder mehrere dieser Fragen zu beantworten, ist dies ein erstes Warnsignal und bedeutet, dass dem Text vermutlich keine wissenschaftliche Konzeption zu Grunde liegt.

---

[23] Runkehl / Siever (2001) führen aus, wie Internetpublikationen zu konzipieren sind.

4.3.3 Textfunktion und Adressaten

Eine einfache Regel für die Auswahl von Internetquellen im Hinblick auf ihre Zitierfähigkeit könnte heißen: zitierfähige Texte sind «von Wissenschaftlern für Wissenschaftler» geschrieben. Daher ist ein weiteres Kriterium der Zitierfähigkeit von Internettexten die Frage nach dem Adressaten des Textes und nach der Textfunktion.

Eine Textsorte, die zwar «von Wissenschaftlern», aber nicht im engeren Sinne «für Wissenschaftler» geschrieben wurde, ist diejenige der «didaktischen Präsentation». Viele Dozenten stellen parallel zu ihren Lehrveranstaltungen Folien oder Zusammenfassungen zum Download zur Verfügung. Diese entsprechen durch eindeutige Autorschaft, Zitate und Literaturverzeichnis den Basiskriterien der Zitierfähigkeit – und dennoch sind Zitate aus solchen didaktischen Publikationen in wissenschaftlichen Arbeiten nicht angemessen.

Denn die Adressaten sind Studierende und die Darstellung hat die Funktion, komplexe Sachverhalte einfach und verständlich darzustellen. Wenn nun diese vereinfachte Version wiederum in eigenen Worten zusammengefasst wird, entsteht leicht ein Stille-Post-Effekt: Von den tragenden Konzepten bleiben nur noch Fragmente übrig und das Prinzip, nach Möglichkeit aus erster Hand zu zitieren, wird verletzt.

Es kann aber sehr sinnvoll sein, bei der Internetrecherche didaktische Präsentationen zu lesen. Sie können zum Verständnis der Inhalte beitragen und als bibliographisches Hilfsmittel dienen. Außerdem kann die Homepage des Autors aufgesucht werden. Vielleicht findet sich dort sein Publikationsverzeichnis und darin eine für den wissenschaftlichen Gebrauch verfasste Publikation zum selben Thema – welche problemlos zitierfähig ist.

4.3.4 Wikipedia

Typisch für Internetquellen ist, dass nach dem äußeren Erscheinungsbild nicht sicher beurteilt werden kann, ob ein Text wissenschaftlichen Standards genügt. Ein gutes Beispiel für solche Zweifelsfälle ist Wikipedia. Denn diese Online-Enzyklopädie erfüllt formal die Kriterien der wissenschaftlichen Arbeitsweise: Begriffe werden unter Verweis auf andere Quellen definiert und zu wissenschaftlich orientierten Artikeln werden Fußnoten und Literaturverzeichnisse erstellt. Die Autorschaft der Artikel ist kollektiv, ihre Entstehung ist durch die Versionsdokumentation transparent, beim Zitieren können das Abfragedatum und ggf. auch die Uhrzeit angegeben werden. Formal bestehen keine Hindernisse, eine Literaturangabe zu erstellen und es sieht so aus, als wären alle Zutaten wissenschaftlicher Arbeitsweise vorhanden. Dennoch ist die richtige Zusammensetzung dieser Zutaten nicht garantiert.

Denn die Autoren von Wikipedia – zu denen jeder Internetnutzer gehören kann – haben ein sehr unterschiedliches Fachwissen, und darum schwankt die Qualität der Artikel. Um ein Thema enzyklopädisch oder nach Art eines Lexikonartikels aufzubereiten, bedarf es schon beim Entwurf der Gliederung großer Sachkenntnis – und so verraten gerade die Gliederungen der Artikel, wo nur punktuelles Wissen vorhanden ist. Dieser Eindruck setzt sich häufig in den einzelnen Formulierungen fort. In Wikipedia schwankt die Qualität nicht nur von Artikel zu Artikel, sondern auch von Absatz zu Absatz, insofern sich hoch spezialisierte, präzise Informationen mit skizzenhaften oder fehlerhaften Passagen abwechseln.

Auch wenn es Gegenbeispiele in Form sehr guter Einzelartikel gibt, kann Wikipedia im Ganzen nicht als zitierfähig bewertet werden, denn das fachliche Niveau ist nicht immer garantiert. Bei der Informationssuche ist Wikipedia daher nicht als eine wissenschaftliche Quelle anzusehen, sondern als eine Ressource, die zu einem ersten Einblick in ein Thema verhilft, auch auf Grund der reichhaltigen Illustrationen, Graphiken und verlinkten Seiten. Zudem kann Wikipedia eine Brücke zur zitierfähigen Sekundärliteratur sein, denn oft sind die bibliographischen Hinweise weiterführend. Aber auch darauf ist kein Verlass: Häufig beruhen die Literaturverzeichnisse in Wikipedia auf einer zufällig zusammengestellten Auswahl von bibliographischen Angaben und nicht auf kenntnisreich ausgewählten Hinweisen und Links.

Gerade, wenn der eigene Überblick zu einem Thema erst noch erarbeitet werden muss, ist für die konkrete Arbeit an Definitionen und für den Entwurf der eigenen Argumentation von Wikipedia (und ähnlich konzipierten Quellen) abzuraten.

4.3.5 Enzyklopädische Nachschlagewerke

Enzyklopädische Nachschlagewerke wie diejenigen aus dem Brockhaus-Verlag widmen sich nicht einem eingegrenzten Fachgebiet, sondern informieren über Allgemein- und Spezialwissen nach alphabetisch geordneten Stichwörtern in möglichst umfassender Art und Weise. Enzyklopädisches Wissen ist besonders in der frühen Phase der Themenerschließung gefragt, z. B. um den historischen Hintergrund eines Textes zu erschließen oder um landeskundliche Kenntnisse zu erwerben. In der Bibliothek finden sich enzyklopädische Nachschlagewerke meist im Freihandbereich. Auch wenn im Voraus die Titel der enzyklopädischen Nachschlagewerke nicht bekannt sind, können sie über die Aufstellsystematik der Bibliothek gut aufgefunden werden. Für Hintergrundinformationen aus den Bereichen Geschichte, Kunstgeschichte, Philosophie- und Religionsgeschichte sollten die bedeutenden Handbücher der Nachbardisziplinen genutzt werden.

Enzyklopädische Nachschlagewerke im Internet sind von äußerst unterschiedlicher Qualität; bezüglich aktueller Probleme können sie jedoch gedruckten Werken mit längeren Redaktionsfristen überlegen sein.

Allgemeinbildende Nachschlagewerke sollten kontinuierlich zur Hand sein, um hinderliche Wissenslücken zu schließen. Auch bei der Erarbeitung lexikalischer Definitionen können enzyklopädische Nachschlagewerke helfen. Nachschlagewerke, die in der behandelten Sprache verfasst sind, sind als begleitende Lektüre besonders interessant. Enzyklopädisches Wissen bildet häufig die Voraussetzung für die wissenschaftliche Themenerschließung.

Wenn ein Sachverhalt jedoch auf breiterem Raum behandelt wird, sollte für die Darstellung unbedingt auf ausführliche wissenschaftliche Abhandlungen zurückgegriffen werden.

Die Definition von sprachwissenschaftlichen Fachtermini sollte immer über die Information einer Enzyklopädie hinausgehen. Diese sind für die Hintergrundinformation nützlich, aber wissenschaftlich nicht zitierfähig.

4.4 Bibliographische Konventionen

Wissenschaftliche Texte verweisen auf andere wissenschaftliche Texte, und diese Verweise sind so genau, dass ihnen direkt nachgegangen werden kann. Dazu gehören einerseits die Stellenangaben zu Zitaten im Text und andererseits die Titelangaben zu allen Quellen der Arbeit. Letztere werden in einem eigenen Teilkapitel, das mit «Bibliographie», «Literaturverzeichnis» oder «Quellenverzeichnis» überschrieben ist, dokumentiert.

Die Grundform eines Eintrags in diesem Verzeichnis ist die Angabe von Autor, Titel, Erscheinungsort, Verlag und Erscheinungsjahr. Diese Angaben werden durch Interpunktion voneinander abgegrenzt, Titel werden z. B. durch Kursivschrift und Anführungszeichen hervorgehoben. Dafür gibt es unterschiedliche Regelsysteme. Problematisch für Studierende ist oft, dass in den ersten Semestern unterschiedliche Systeme zum Aufbau bibliographischer Einträge empfohlen werden. Dieses Nebeneinander macht die eigene Arbeit oft nicht leichter; die einzige Orientierung gibt in Zweifelsfällen die Regel, dass ein bibliographischer Standard so gut ist wie ein anderer, solange er nur konsequent umgesetzt wird. Die Konsequenz in der Umsetzung betrifft dabei alle Formatierungen (Titel kursiv oder nicht, Doppelpunkt oder Komma nach der Nennung des Autors, Jahreszahl nach dem Namen des Autors oder zum Abschluss des Eintrags usw.).

Oft ist Literaturverzeichnissen anzusehen, dass die Titel aus einem elektronischen Katalog durch Kopieren und Einfügen (*copy-paste*-Verfahren) zusammengeschnitten wurden. Dabei wird häufig nicht auf die Formatierung geachtet, so dass ein sehr heterogenes Bild entsteht. Um dies zu vermeiden und um garantiert die Originalschreibweise von Autor, Titel, Verlag usw. zu übernehmen, tippt man die bibliographischen Einträge am besten ab.

4.4.1 Programmgestützte Literaturverwaltung

Am einfachsten wird die korrekte Formatierung, wenn die Bibliographie in einer Literaturdatenbank verwaltet wird, für die es an vielen Universitäten Sammellizenzen gibt (CITAVI®, ENDNOTE® oder REFWORKS).[24] Die einzelnen Titel werden über eine Eingabemaske erfasst oder automatisch nach Eingabe der ISBN (*International Standard Book Number*) vom Programm aus vervollständigt. In *Web of Knowledge* recherchierte Aufsatztitel können direkt in die Literaturdatenbank importiert werden, weil hier eine Exportdatei

---

[24] Von CITAVI® steht eine Trialversion gratis zur Verfügung.

mit den Titeldaten in einem der gängigen Standards BibTEX oder RIS erstellt wird. Diese Standards ermöglichen den Austausch der Datensätze von einem System zum anderen. Die Datensätze enthalten keine Informationen zur Formatierung. Erst wenn eine Titelliste als Literaturverzeichnis exportiert wird, werden über einen Zitationsstil typographische Informationen hinzugefügt, so dass z. B. Buchtitel kursiv gesetzt werden. Auf diese Weise ist es möglich, das Literaturverzeichnis für die eine Arbeit nach dem Standard «Jahr vorn» auszugeben oder – für eine andere Arbeit – nach dem Standard «Jahr hinten».

In dieser Datenbank können auch Zitate erfasst und Schlagwörter zugewiesen werden, außerdem gibt es Raum für eigene Anmerkungen und Zusammenfassungen des Textes. Auf diese Weise sind die einmal recherchierten Titel und Lektüreergebnisse auch für spätere Zwecke vorbereitet.

Die genannten Literaturverwaltungsprogramme erlauben es auch, Referenzen im Text mit der Datenbank zu verknüpfen, so dass nach Abschluss der Textredaktion automatisch ein vollständiges Literaturverzeichnis erstellt werden kann. Wer die Möglichkeiten anspruchsvoller Textarbeit in Verknüpfung mit den bibliographischen Daten weitergehend nutzen will, kann sich mit LaTeX[25] eines gut ausgestatteten, aber frei verfügbaren Werkzeugkastens bedienen. In LaTeX stehen anspruchsvolle Programmbausteine auch für die Formatierung zur Verfügung, so dass alle Schritte bis zum Textsatz und der Erstellung einer fertigen Druckvorlage möglich sind. LaTeX ist auf den ersten Blick weniger benutzerfreundlich als ein *WYSISWYG*-Programm (→ Kap. 3.6.6), weil beim Schreiben des Textes sein endgültiges Format noch nicht festgelegt wird. Stattdessen wird zu jedem Textbestandteil vermerkt, welchem Typ es zugehört. Beispielsweise wird für eine Überschrift beim Verfassen des Textes noch nicht festgelegt, ob sie im Ausdruck fett erscheinen soll oder nicht, bzw. ob sie 12 oder 14 pt messen soll. Stattdessen wird nur eingetragen, dass es sich um eine Überschrift handelt.[26] Diese Trennung von Datenverwaltung und Formatierung lässt sich als anwendungsneutrale Datenhaltung beschreiben. Wer sich auf eine gewisse Einarbeitungszeit einlässt, wird sehen, dass die Vorteile bei der Textredaktion und der stabilen und typographisch sauberen Formatierung dafür entschädigen.

4.4.2 Weitere Konventionen

Für alle im Folgenden genannten Beispiele gilt das Prinzip der Einheitlichkeit. Es ist nicht besser oder schlechter, nach der einen oder anderen Art zu zitieren, aber innerhalb einer Arbeit darf das System nicht gewechselt werden. Neben den im Folgenden genannten Quellen kann man für Frankreich bei Wanning (1996) Hilfestellung in Zweifelsfällen bekom-

---

[25] Das Programmsystem geht auf TeX zurück, von Donald E. Knuth entwickelt und von Leslie Lamport ab 1985 zu L(amport)TeX ausgebaut, cf. LaTeX.

[26] Eine Überschrift wird in LaTeX durch einen Befehl nach Backslash kenntlich gemacht: \section{Formatierung} legt fest, dass das Wort *Formatierung* eine Überschrift ist und somit auch automatisch ins Inhaltsverzeichnis übernommen wird.

men und für Spanien im aktuellen *Libro de estilo* (El País 2008). Im Bereich der internationalen Wissenschaftssprache ist das Handbuch der Modern Language Association (MLA, Gibaldi 2008) die wichtigste Referenz.

– Abkürzungen: Die Sprache der Abkürzungen sollte auch im Literaturverzeichnis einheitlich sein, also z. B. entweder immer «ed.» oder immer «Hrsg.».
– Schreibung von Eigennamen: Hier hilft das sehr umfangreiche Aussprachewörterbuch vom Dudenverlag (Mangold 2005) weiter.
– Groß- und Kleinschreibung in englischen Titeln: Grundsätzlich gilt in Titeln und Untertiteln die Großschreibung, mit Ausnahme der Funktionswörter Artikel, Präpositionen, beiordnender Konjunktionen und dem *to* des Infinitivs; das erste und das letzte Wort beginnen stets mit Majuskel (Gibaldi 2008: 109s.).
– Interpunktion: Die Bausteine des bibliographischen Eintrags können durch Kommata, Doppelpunkte oder Punkte voneinander abgegrenzt werden. Wenn zwischen Autor und Titel ein Doppelpunkt gesetzt wird, sollte dieser immer an dieser Stelle zu finden sein und nicht hier oder da durch ein Komma ersetzt werden. Bibliographische Einträge schließen mit einem Punkt ab.
– Leerräume: Ein Leerraum (lat. SPATIUM) kann vor und nach Schrägstrichen, oder nur danach, oder gar nicht gesetzt werden. Auch hier gilt: Auf Einheitlichkeit achten! Also: «Bollée, Annegret / Neumann-Holzschuh, Ingrid» oder «Bollée, Annegret/ Neumann-Holzschuh, Ingrid» oder «Bollée, Annegret/Neumann-Holzschuh, Ingrid».
– Hervorhebungen: Titel werden häufig durch Kursivierung hervorgehoben. Oft wird weitergehend differenziert, durch Anführungszeichen für Titel von unselbstständigen und Kursivierung von selbstständigen Veröffentlichungen; auch hier gilt das Prinzip der Einheitlichkeit.
– Jahreszahlen: Das Prinzip, Autor und Jahr der Veröffentlichung dem Eintrag voranzustellen (Jahr vorn), konkurriert mit dem Prinzip, das Jahr der Veröffentlichung am Schluss zu nennen (Jahr hinten). In dieser Arbeit wird die erste Variante beispielhaft dargestellt, das Publikationsjahr also nach dem Namen des Autors angeführt.
– Gleiches Publikationsjahr: Wenn mehrere Einträge desselben Autor(enteam)s aus demselben Jahr stammen, müssen diese Einträge unterschieden werden. Dies geschieht durch einen Zusatz, in dem der Titel als *a*, *b* usw. gekennzeichnet wird, z. B. am Ende des Eintrags durch den Vermerk «= 2000b». Bei Verweisen im Text wird diese Unterscheidung nach *a* und *b* natürlich übernommen.
– Von und zu: Adelsprädikate werden gemäß den einzelnen Traditionen dem Vornamen oder dem Nachnamen zugeordnet.[27] Im deutschsprachigen und französischen Raum gehören sie zum Vornamen, d. h. Jürgen von Stackelberg wird alphabetisch unter *S* (Stackelberg, Jürgen von) aufgeführt. Dagegen gehören die italienischen und spanischen Äquivalente *De* und *Di* gehören zum Nachnamen, so dass Tullio De Mauro unter D (De

---

[27] Die folgenden und weitere länderspezifische Informationen stellt Gibaldi (2008) in Kapitel 3.6 unter der Überschrift *Names of Persons* zusammen.

Mauro, Tullio) erscheint, mit Majuskel. In Zweifelsfällen helfen (elektronische) Bibliothekskataloge weiter.
- Verlagsnamen: Die Namen von Verlagen erscheinen in einer Kurzform, die sich vom Firmennamen unterscheiden kann: Auf Zusätze wie «GmbH» oder die Erläuterung «Verlag» wird stets verzichtet. Auch wenn der Firmenname «Max Niemeyer Verlag» heißt, wird im bibliographischen Eintrag nur «Niemeyer» vermerkt.
- Ortsnamen: Im bibliographischen Eintrag wird der Ort so geführt, wie er im zitierten Titel geschrieben wird, auch wenn es eine deutsche Variante gibt, also z. B. Firenze, nicht Florenz. In Ausnahmen kann einer veralteten oder ungewöhnlichen Schreibung in eckigen Klammern die moderne Variante zur Seite gestellt werden.
- Fehlende Angaben: Wenn kein Ortsname zu finden ist, kann an der Stelle, wo er erwartet wird, *sine loco* 'ohne Ort' vermerkt werden, abgekürzt durch dt. «o. O.» bzw. lat. «s. l.». Ähnlich kann, wenn kein Erscheinungsdatum zu finden ist (zum Beispiel bei Internetdokumenten), *sine anno* 'ohne Jahr(esangabe)' vermerkt werden, abgekürzt durch dt. «o. J.» bzw. lat. «s. a.» (→ Kap. 11, Anhang).
- Mehrbändige Werke: Wenn ein Werk aus mehreren Bänden besteht, muss dies im Eintrag deutlich werden, und auch, auf welchen Band bzw. auf welche Bände sich die Literaturangabe bezieht.

Company Company, Concepción (ed., 2006/2009): *Sintaxis histórica de la lengua española*. Vol. 1: *La frase verbal* (2006), vol. 2: *La frase nominal* (2009). México, Universidad Nacional Autónoma de México.

- Auflagen: Eine hochgestellte Zahl vor dem Erscheinungsjahr gibt an, um die wievielte Auflage es sich handelt. Nachgestellt und in Klammern kann darüber informiert werden, wann die Erstauflage erschienen ist: ^{2}2007 (^{1}1999). Beim Verweis im Text wird diese Angabe meist weggelassen.
- Nachdrucke: Wenn es sich bei einem Titel um einen Nachdruck handelt, wird dies im bibliographischen Eintrag kenntlich gemacht. Die Angaben zum ersten Erscheinungsjahr werden in eckigen Klammern angefügt. Im Text kann das erste Erscheinungsjahr auch angegeben werden, für das folgende Beispiel: «Bühler 1982 [1934]: 28». Es kann auch durch einen Zusatz deutlich gemacht werden, um welche Art von Nachdruck es sich handelt, zum Beispiel um ein Faksimile, das durch aufwändige Reproduktionstechnik das originale Erscheinungsbild wiedergibt, oder um einen unveränderten Nachdruck.

Bühler, Karl (1982 [1934]): *Sprachtheorie*. Stuttgart / New York, Gustav Fischer [Jena].
Ramusio, Gian Battista (1970 [1563]/1968 [1583]/1967 [1606]): *Navigationi et viaggi (Venice 1563–1606)*. Faksimile ed. Raleigh A. Skelton. 3 vol. Amsterdam: Theatrum Orbis Terrarum [Venetia, Giunti].

- Übersetzungen: Wenn aus einer Übersetzung zitiert wird, können die Angaben zur Originalausgabe ergänzt werden. Beispiel:

Weinrich, Harald (1989 [1982]): *Grammaire textuelle du français*. Traduit par Gilbert Dalbgalian et Daniel Malbert. Paris: Didier [Stuttgart, Klett].

4.4.3   Siglen

Eine Sigle stellt eine Kurzform dar, welche den vollen Titel entweder auf den Anfang des Wortlauts oder auf die Anfangsbuchstaben oder auf eine Kombination aus beidem zurückführt. Üblich sind Siglen v. a. bei Wörterbüchern, wie in den folgenden Beispielen:

DCELC = Corominas, Juan (^{1}1954–1957): *Diccionario crítico etimológico de la lengua castellana*. 4 vol. Bern: Francke.

DELI = Cortelazzo, Manlio / Cortelazzo, Michele A. (^{2}1999; ^{1}1979–1988): *Il nuovo etimologico. Dizionario etimologico della lingua italiana*. Bologna: Zanichelli.

TLF = *Trésor de la langue française. Dictionnaire de la langue du XIXe et du XXe siècle (1789–1960)* (1971–1994). Vol. 1–7 ed. Paul Imbs, vol. 8–16 ed. Bernard Quemada. Paris: CNRS / Gallimard (vol. 11–16).

Es gibt eingeführte Siglen, d. h. allgemein übliche Abkürzungen für Wörterbücher, Grammatiken und wissenschaftliche Zeitschriften. Diese Siglen sind in den Handbüchern – z. B. LRL und HSK 23 – in einem umfangreichen Siglenverzeichnis aufgeschlüsselt.

Wenn für eine eigene Arbeit ein Textkorpus zusammengestellt wird, können ebenfalls den einzelnen Texten Siglen zugewiesen werden, damit sie eindeutig, aber kurz zitiert werden können; bei längeren Texten auch durch Hinzufügen von Zeilennummern. Im folgenden Beispiel wird zuerst im Text zitiert und dann ein Eintrag im Quellenverzeichnis erstellt:

(13)   Anglizismen werden in der Pressesprache häufig durch Anführungszeichen (País 1, im Titel: ‹Overbooking›) oder durch Kursivierung (País 2, innerhalb eines Zitats: «sensaciones de *o-verbooking*») hervorgehoben.

País 1 = Robles, Fermín / Roger, Maiol / Tobarra, Sebastián (20.10.2008): «‹Overbooking› en las aulas. La inmigración y la movilidad ponen al límite varios centros del cinturón de Barcelona». In: El País Barcelona. ‹http://elpais.com/diario/2008/10/20/catalunya/1224464845_850215.html› (07.02.2013).

País 2 = Esquitino, Ruben (31.01.2013): «De nuevo, delegaciones en el extranjero. Tras liquidar el Ivex, el Consell enviará representantes a buscar turistas». In: El País Comunidad Valenciana. ‹http://ccaa.elpais.com/ccaa/2013/01/31/valencia/1359663725_883377.html› (07.02.2013).

4.4.4   Selbstständige und unselbstständige Publikationen

Die Unterscheidung von selbstständigen und unselbstständigen Arbeiten ist nicht auf den Inhalt der Werke bezogen, sondern auf die Auffindbarkeit der Werke in Bibliothekskatalogen. Bei selbstständigen Veröffentlichungen erscheint im Eintrag des Bibliothekskatalogs der Name des Autors. Selbstständige Veröffentlichungen sind z. B. Sammelbände. Dagegen gehören zu den unselbstständigen Veröffentlichungen z. B. Zeitschriftenaufsätze und Beiträge zu Sammelwerken. Diese haben in der Regel keinen eigenen Eintrag im Bibliothekskatalog und werden unter dem Namen des oder der Herausgeber(s) bzw. der Zeitschrift, des Sammelbandes o. ä. geführt. Diese Eigenschaft ist auch wichtig für den bibliographischen Eintrag: Im Literaturverzeichnis müssen zu jedem unselbstständigen Beitrag die Seitenzahlen angegeben werden.

Welche Art von Information findet sich in welcher wissenschaftlichen Textsorte? Die nachfolgende Aufstellung gibt erste Hinweise auf den Nutzen der unterschiedlichen Publikationsformen und Beispiele dafür, wie sie in einem Literaturverzeichnis zitiert werden.

4.5 Wissenschaftliche Textsorten und bibliographische Einträge

Die folgende Auswahl wissenschaftlicher Textsorten beschränkt sich auf publizierte Texte. Die Liste würde natürlich sehr viel länger, wenn Vortragsmanuskripte, Thesenpapiere, Seminar- und Qualifikationsarbeiten bzw. Vorlesungsmitschriften oder mündliche Texte – Vorlesungen, Referate, Diskussionsbeiträge etc. – mit aufgenommen würden.

4.5.1 Aufsatz

Mit «Aufsatz» sind ebenso wie mit «Artikel» und mit «Beitrag» unselbstständige Veröffentlichungen gemeint, die als Teil eines größeren Ganzen publiziert werden. Aufsätze erscheinen in Zeitschriften, Handbüchern, Kongressbänden oder Festschriften. Die Themen von Aufsätzen können weit gefasst sein (Überblicksdarstellungen), meist sind sie aber auf Grund des im Vergleich zur Monographie eingeschränkten Umfangs auf eine Einzelfrage ausgerichtet. Die Zitierweise von Aufsätzen richtet sich nach der Art der selbstständigen Veröffentlichung, in der sie erscheinen. Beispiele für die Zitierweise finden sich daher in den Abschnitten zu Handbüchern, Kongressakten, Sammelbänden und Zeitschriften.

4.5.2 (Kommentierte) Edition

Edition bedeutet «herausgegebenes Werk». Dabei können verschiedene Interessen eine Rolle spielen: Alte Texte, z. B. Manuskripte oder historische Drucke (auch Alte Drucke genannt) werden herausgegeben, um sie einem großen Publikum überhaupt zugänglich zu machen. Bei der Arbeit mit historischen Texten ist die Auswahl einer guten Edition (→ Kap. 5.2) sehr wichtig, häufig werden auch mehrere Editionen vergleichend hinzugezogen. Ein zweiter Aspekt ist die Möglichkeit, einen Text im Rahmen einer Edition inhaltlich zugänglich zu machen, d. h. um Einleitung, Kommentar und Worterklärungen zu ergänzen. Ähnliches kann bei Übersetzungen gelten, z. B. machen terminologische Entscheidungen oft einen Kommentar erforderlich. Weiterhin bedeutet editorische Arbeit heute auch eine

Digitalisierung, so dass umfassendere Analysemethoden zur Verfügung stehen (Gerstenberg 2004).

Wissenschaftliche Editionen können als selbstständige Veröffentlichung oder als unselbstständige Veröffentlichung – z. B. als Beitrag in Sammelbänden oder Zeitschriften – erscheinen. Die Zitierweise macht deutlich, dass dem Text nicht nur ein Autor, sondern auch ein Herausgeber zugeordnet wird. Der Kompetenz und den Entscheidungen von Editoren (Herausgebern) und Übersetzern kommt neben derjenigen des Autors des Originaltextes eine besondere Bedeutung zu. Daher werden ihre Namen in den bibliographischen Eintrag aufgenommen, und zwar nach dem Namen des Autors (nach dem der Eintrag auch alphabetisch eingeordnet wird) und dem Titel des Originals. Meist wird die jeweilige Rolle in der Veröffentlichung benannt, und diese Formulierungen können übernommen werden, z. B. «herausgegeben und kommentiert von», «Übersetzung und Kommentar von». Die Angabe «kritische Edition von» o. ä. kann auch durch «ed.» verkürzt wiedergegeben werden. Beispiele:

Gide, André / Valéry, Paul (1955): *Correspondance (1890–1942)*. Ed. Robert Mallet. Paris, Gallimard.
Bembo, Pietro (2001): *Prose della volgar lingua. L'editio princeps del 1525 riscontrata con l'autografo Vaticano latino 3210*. Ed. Claudio Vela. Bologna, CLUEB.

4.5.3 Fachwörterbuch

Die Grenze zwischen Fachwörterbuch und Handbuch ist fließend. Teilweise sind die Definitionsartikel so lang, dass sie die Grenzen eines Wörterbucheintrags überschreiten, auch wenn das Werk so heißt. Fachwörterbücher sind ein guter Einstieg ins Thema und natürlich ein sehr guter Begleiter bei der Arbeit. Dabei sind nicht nur die Definitionen nützlich, sondern auch die Literaturangaben, die in vielen Fachwörterbüchern die Artikel abschließen.

Fachwörterbücher sind selbstständige Veröffentlichungen. Die Zitierweise richtet sich danach, ob die Verfasser der einzelnen Artikel namentlich genannt werden. In diesem Fall richtet sich die Zitierweise nach dem Beispiel eines Artikels in einem Sammelband. Im Allgemeinen wird aber wie bei einem Lexikonartikel das Stichwort zitiert (→ Kap. 4.7.5). Beispiele:

Bußmann, Hadumod (^{4}2008): *Lexikon der Sprachwissenschaft*. München: Kröner.
Cardona, Giorgio Raimondo (1988): *Dizionario di linguistica*. Roma: Armando.

4.5.4 (Aufsatz in einer) Festschrift

Traditionell wird zu den runden Geburtstagen eines Wissenschaftlers in den höheren Jahrzehnten ein Sammelband herausgegeben, in dem Kollegen dem Wissenschaftler durch einen ihm gewidmeten Aufsatz gratulieren. Das Thema ist meist sehr weit gefasst; Aufsätze in Festschriften sind daher oft nur über Bibliographien zu finden. In vielen Bibliotheken stehen Festschriften (fr. *mélanges*, it. in einem eigenen Regal; da sie oft auch ein kurzes Portrait des jeweiligen Wissenschaftlers enthalten, laden sie auch zum Stöbern in der Wissenschaftsgeschichte ein.

Festschriften stellen als Sammelbände selbstständige Veröffentlichungen dar, die einzelnen Beiträge zu einer Festschrift sind unselbstständige Veröffentlichungen. Die Zitierweise richtet sich nach dem Vorbild des Sammelbandes. Beispiele:

Marchello-Nizia, Christiane (2007): «L'évolution de l'ordre des mots en français: grammaticalisation ou cohérence typologique». Charolles, Michel / Fournier, Nathalie / Fuchs, Catherine / Lefeuvre, Florence (eds.): *Parcours de la phrase. Mélanges offerts à Pierre Le Goffic*. Paris: Ophrys, 105–117.
Martinet, André (1993): «Pourquoi et comment étudier le changement linguistique en synchronie». In: Schmidt-Radefeldt, Jürgen / Harder, Andreas (eds.): *Sprachwandel und Sprachgeschichte: Festschrift für Helmut Lüdtke zum 65. Geburtstag*. Tübingen: Narr, 153–158.

4.5.5 Grammatik

Bei der Arbeit mit Grammatiken ist darauf zu achten, um welche Art von Grammatik es sich handelt. Im wissenschaftlichen Kontext sind solche Grammatiken zitierfähig, die nicht nur die Regeln des Gebrauchs beschreiben (deskriptiv), sondern die dargestellten Phänomene auch diskutieren und dabei auf den Forschungsstand Bezug nehmen. Darum sollten keine didaktisch ausgerichteten (normativen) Grammatiken zur Diskussion sprachwissenschaftlicher Fragestellungen herangezogen werden.

Einige Grammatiken sind nach Paragraphen gegliedert. In diesem Fall kann im Textverweis auf diese Nummerierung statt auf die Seitenzahl zurückgegriffen werden; wenn es mehrere Auflagen gibt wie im Falle des *Bon usage* (Grevisse 2008), ist die Nennung des Paragraphen sinnvoll, weil sie auch in anderen Auflagen mit geänderter Seitenzahl nutzbar ist. Einige Grammatiken sind wie Handbücher organisiert, d. h. die Einzelkapitel sind von unterschiedlichen Autoren verfasst worden; dies zeigt sich schon auf der Titelseite, wenn ein Herausgeber, nicht ein Autor genannt wird (mit dem Zusatz «herausgegeben von», «a cura di», «dir.» o. ä.).

Bei Grammatiken handelt es sich um selbstständige Veröffentlichungen. Die Zitierweise richtet sich nach derjenigen von Monographien. Wenn eine Grammatik von unterschiedlichen Autoren verfasst wurde, werden die einzelnen Beiträge wie Aufsätze in einem Sammelband zitiert. Da sich wissenschaftliche Grammatiken der Gegenwartssprache auf den aktuellen Gebrauch beziehen, werden sie häufig überarbeitet und neu aufgelegt; der bibliographische Eintrag sollte in solchen Fällen so genau wie möglich darüber Auskunft geben, welche Ausgabe gemeint ist.

Grevisse, Maurice (^{14}2008): *Le bon usage. Grammaire française*. Refondue par André Goosse. Paris: De Boeck / Duculot.
Serianni, Luca (2006, ^{1}1989): *Grammatica italiana. Italiano comune e lingua letteraria*. Con la collaborazione di Alberto Castelvecchi. Torino: UTET.

4.5.6   (Aufsatz in einem) Handbuch

Ein Handbuch versteht sich als aktuelles und vollständiges Informationsmedium zu einem im Titel bezeichneten Sachgebiet. Wer ein *Handbuch des Bibliothekswesens* aufschlägt, erwartet ein Verzeichnis aller wichtigen Institutionen und Fachwörter, außerdem möglicherweise historische Informationen und Adressen.

Wissenschaftliche Handbücher bringen im Inhaltsverzeichnis die Struktur des im Titel genannten Sachgebietes zum Ausdruck: Ein Handbuch ist meist in Teilbereiche gegliedert, innerhalb derer eine Serie von Einzelartikeln einen möglichst vollständigen Überblick gewährt. Handbuchartikel haben den Anspruch, die wichtigen Begriffe und Konzepte, etablierte Standardwerke und den aktuellen Forschungsstand zu einem Thema zusammenzufassen. Meistens beginnt ein Handbuchartikel mit der Gliederung, so dass ein zielgerichteter Zugriff auf den jeweils interessanten Abschnitt möglich ist. Darum ist die Lektüre von Handbuchartikeln ein hervorragender Einstieg in ein Thema.

Eine wichtige sprachwissenschaftliche Handbuchreihe sind die *Handbücher zur Sprach- und Kommunikationswissenschaft* (HSK). Die einzelnen Bände sind meist sprachübergreifend angelegt und behandeln ein breites Fachgebiet wie z. B. *Syntax*, *Wörterbücher*, *Korpuslinguistik*, wobei in den Einzelartikeln auch die romanischen Sprachen Berücksichtigung finden. Band 23 dieser Reihe ist exklusiv romanistisch und trägt den Titel *Romanische Sprachgeschichte*.

Nicht immer tragen Handbücher das Wort *Handbuch* im Titel; beispielsweise ist das LRL (1988–2005) zwar als Handbuch angelegt, trägt aber den Titel *Lexikon der romanistischen Linguistik*. In diesem achtbändigen Werk gibt es zu jeder romanischen Sprache oder Sprachgruppe einen eigenen Band, in dem die wichtigsten sprachwissenschaftlichen Untersuchungsbereiche dargestellt werden, wobei für jede Einzelsprache das gleiche System zur Anwendung kommt. Handbücher sind selbstständige Veröffentlichungen, die einzelnen Handbuchartikel hingegen unselbstständige Veröffentlichungen.

Handbuchartikel sind namentlich gekennzeichnet, daher werden sie nach dem gleichen Muster wie Sammelbände zitiert: Name des Artikelautors, Erscheinungsjahr, Titel des Artikels, Name des Herausgebers, Titel des Handbuchs (ggf. Angabe des Bandes), Erscheinungsort, Verlag, Seitenangabe. Wenn mehrere Artikel aus demselben Sammelband zitiert werden, erscheint dieser unter einer Sigle als eigener Eintrag in der Bibliographie. In den folgenden Beispielen werden nicht nur die Bandnummern der Handbuchreihe, sondern auch deren Teilbände benannt.

Ohne Sigle:

Heine, Bernd (2005): «Grammaticalization». Joseph, Brian D. / Janda, Richard D. (eds.): *The Handbook of Historical Linguistics*. Malden (MA) / Oxford / Carlton: Blackwell, 577–601.
Ménard, Philippe (2003): «Histoire des langues romanes et philologie textuelle». In: Ernst, Gerhard / Glessgen, Martin / Schmitt, Christian / Schweickard, Wolfgang (eds.): *Romanische Sprachgeschichte. Ein internationales Handbuch zur Geschichte der romanischen Sprachen* (HSK 23). Vol. 1. Berlin / New York, de Gruyter, 62–71.

Mit Sigle:

Jiménez Cano, José María (1992): «Spanisch: Sprache und Generationen». In: LRL 6.1, 267–275.
Lüdi, Georges (2004): «Code-Switching / Sprachwechsel». In: HSK 3.1, 341–350.
HSK 3.1 = Ammon, Ulrich / Dittmar, Norbert / Mattheier, Klaus / Trudgill, Peter (eds., ²2004): *Sociolinguistics. An International Handbook of the Science of Language and Society* (HSK 3). Vol. 1. Berlin / New York: de Gruyter.
LRL 6.1 = Holtus, Günter / Metzeltin, Michael / Schmitt, Christian (eds., 1992): *Lexikon der romanistischen Linguistik*. Vol. 6/1: *Aragonesisch / Navarresisch, Spanisch, Asturianisch / Leonesisch*. Tübingen: Niemeyer.

4.5.7 (Aufsatz in) Kongressakten (*Proceedings*)

Kongresse, aber auch Tagungen und Kolloquien dienen dem direkten wissenschaftlichen Austausch. Auf Kongressen werden Vorträge zu neuen Thesen und Forschungsergebnissen gehalten und diskutiert. Ergänzend zu dieser unmittelbaren kommunikativen Funktion erscheinen nach Kongressen auch die «Akten», d. h. dass die schriftlichen Fassungen der gehaltenen Vorträge publiziert und damit einem breiteren Publikum zugänglich gemacht werden. Es gibt Kongressakten, die in regelmäßiger Folge erscheinen, wie die Akten des *Congrès International de Linguistique et Philologie Romanes*, der alle drei Jahre stattfindet. Häufig handelt es sich bei Kolloquien oder Tagungen aber auch um Einzelveranstaltungen. Beim Bibliographieren sind Aufsätze in Sammelbänden zugänglich, wenn das Kongressthema eher eng gefasst ist: In diesem Fall führt die Stichwortsuche in einem elektronischen Bibliothekskatalog zu einem thematisch einschlägigen Titel. Dies ist aber nicht immer der Fall, weshalb Aufsätze in Kongressakten sicherer über Bibliographien ermittelt werden.

Auch bei Kongressakten (bzw. engl. *Proceedings*) handelt es sich um selbstständige Veröffentlichungen, die einzelnen Beiträge sind jedoch unselbstständige Veröffentlichungen. Die Zitierweise orientiert sich am Beispiel des Sammelbandes, d. h. es werden Herausgeber, Titel und Name sowie Ort und Datum des Kongresses, Ort, Verlag, Jahr genannt. Beispiele:

Cunha, Evandro, et al. (2011): «Analyzing the Dynamic Evolution of Hashtags on Twitter: a Language-Based Approach». In: Association for Computational Linguistics (ed.): *Workshop on Language in Social Media (LSM 2011). Proceedings of the Workshop*. Madison (WI): Omnipress, 58–65.
Vanelli, Laura (1998): «Sull'origine dell'articolo definito maschile plurale ‹i›». In: Ruffino, Giovanni (ed.): *Atti del XXI Congresso Internazionale di Linguistica e Filologia Romanza (Università di Palermo, 18–24 settembre 1995)*. Vol. 6. Tübingen: Niemeyer, 827–838.

4.5.8 Miszelle

Miszellen gehören in wissenschaftlichen Zeitschriften sozusagen zur Rubrik «Vermischtes». Miszellen unterscheiden sich von Aufsätzen zum einen durch ihre Kürze, zum anderen auch dadurch, dass es möglich ist, eine persönliche Meinung zu einer wissenschaftlichen Streitfrage zu äußern.

Miszellen sind unselbstständige Veröffentlichungen. Die Zitierweise folgt dem Beispiel eines Zeitschriftenaufsatzes und umfasst die Nennung von Autor, Überschrift der Miszelle, Name der Zeitschrift mit Bandnummer, Jahrgang, Seitenangaben.

4.5.9   Monographie

Monographische Veröffentlichungen behandeln ein Thema (gr. *mono-* bedeutet 'ein-'), verfasst werden sie von einem Autor bzw. von einem Autorenkollektiv, in einigen Fällen tragen andere Autoren Vor- oder Nachworte bei. Häufig handelt es sich dabei um Qualifikationsarbeiten wie Doktorarbeiten (Dissertationen) und Habilitationsschriften. In Deutschland muss nachgewiesen werden, dass eine Doktorarbeit publiziert wurde,[28] allein auf Grund dieser Regelung erscheinen in den Fachverlagen regelmäßig Monographien. Monographien sind über eine Schlagwort- und – wegen ihrer geradezu sprichwörtlich langen Titel und Untertitel – auch über eine Stichwortsuche in den elektronischen Katalogen aufzufinden.

Oft erscheinen Monographien im Rahmen einer Schriftenreihe. Schriftenreihen bestehen aus einer losen Folge von Einzelpublikationen, deren Name einen thematischen Zusammenhang ausdrückt. Zum Beispiel gibt es Schriftenreihen, die als Beihefte einer Zeitschrift erscheinen. Schriftenreihen werden von Herausgebern betreut, und die zugehörigen Publikationen erhalten eine laufende Nummer; im Unterschied zu regelmäßig herauskommenden Zeitschriften (Periodika) erscheinen Schriftenreihen aber nicht in einer festen zeitlichen Folge.

Monographien sind selbstständige Veröffentlichungen. Zitiert werden stets die Angaben von Autor, Titel, Erscheinungsort, Verlag und Jahr. Die Information, dass eine Monographie zu einer Schriftenreihe gehört, kann in den bibliographischen Eintrag aufgenommen werden. Im Beispiel gehört die Monographie zur Schriftenreihe *Beihefte zur Zeitschrift für romanische Philologie*, innerhalb dieser Reihe hat sie die Nr. 320:

Sinner, Carsten (2004): *El castellano de Cataluña. Estudio empírico de aspectos léxicos, morfosintácticos, pragmáticos y metalingüísticos* (Beihefte zur Zeitschrift für romanische Philologie, 320). Tübingen: Niemeyer.

---

[28] Neben der Publikation in Buchform sind je nach Promotionsordnung der Fakultät, die den Doktortitel verleiht, auch andere ältere und jüngere Publikationsformen möglich: Mikrofilm, Mikrofiche, in höherer Auflage kopierte Manuskripte, CD-ROM, elektronische Publikationsformen zum Beispiel in Form einer PDF-Datei, die meist auf dem Server einer Universitätsbibliothek stationiert sind.

4.5.10 Rezension

Rezensionen (Besprechungen, frz. *compte rendu*, it. *recensione*, sp. *reseña*), werden in Fachzeitschriften veröffentlicht. Sie stellen wissenschaftliche Neuerscheinungen vor und unterziehen sie einer kritischen und fachlich begründeten Bewertung. Damit stellen Rezensionen ein Mittel der wissenschaftlichen Qualitätssicherung dar.

Bei Rezensionen handelt es sich um unselbstständige Veröffentlichungen. Die Zitierweise berücksichtigt, dass es zwei Autoren gibt. Genannt werden der Autor der Rezension, der Autor des besprochenen Buches, Titel, Erscheinungsort, Verlag und Jahr sowie Name der Zeitschrift mit Bandnummer, Jahr und Seitenangaben. Wenn das besprochene Buch aber einen eigenen Eintrag in der Bibliographie hat, kann darauf in Kurzform verwiesen werden.

Gabriel, Christoph (2011): Rezension zu Kubarth 2009. In: *Romanische Forschungen* (123), 503–507.

4.5.11 (Aufsatz in einem) Sammelband

Das Thema eines Sammelbandes ist manchmal sehr weit gefasst, manchmal sehr eng begrenzt. Auch Kongressakten oder Festschriften sind Sammelbände. Das jeweilige Herausgebergremium entscheidet entweder allein über die Aufnahme, Änderung oder über die Ablehnung eingereichter Manuskripte, oder sie lassen die einzelnen Beiträge von nicht an der Publikation beteiligten Wissenschaftlern anonym begutachten. In vielen internationalen Fachverlagen ist ein solches Peer-Review-Verfahren bei Sammelbänden eben so wie bei Zeitschriften (→ Kap. 4.5.14) Standard.

Sammelbände sind selbstständige Veröffentlichungen. Die Zitierweise umfasst die Nennung von Herausgeber, Titel, Ort, Verlag, Jahr. Wenn zwei oder mehr Aufsätze aus einem Sammelband zitiert werden, gibt es einen vollständigen Eintrag zum Sammelband, auf den in den Einträgen zu den Einzelartikeln verwiesen wird. Beispiele:

Léglise, Isabelle / Leroy, Marie (2008): «Insultes et joutes verbales chez les ‹jeunes›: le regard des médiateurs urbains». In: Tauzin, Aline (ed.): *Insultes, injures et vannes en France et au Maghreb*. Paris: Karthala, 155–174.

Schnedecker, Catherine (2010): «Etude de l'évolution des adjectifs *damné/maudit* et *fichu/foutu* entre 1500 et 1799». Combettes, Bernard, et al (ed.): *Le changement en français: études de linguistique diachronique*. Bern et al.: Lang, 363–380.

4.5.12 Sprachatlas

Die Arbeit mit Sprachatlanten erfordert normalerweise eine großzügig bemessene Arbeitsfläche, da sie traditionell in Großformaten erscheinen; in der Bibliothek lagern sie in eigens hergestellten Kartenschränken. Sprachatlanten verzeichnen zum im Titel genannten Sprachgebiet die Varianten der abgefragten Einzelwörter, Syntagmen oder syntaktischen Strukturen für jeden der untersuchten Orte (Messpunkte). Jedem abgefragten Phänomen ist eine Karte gewidmet. Das Vorwort von Sprachatlanten wird, wenn es nicht als selbstständige Veröffentlichung erschienen ist, sondern Bestandteil des Kartenwerks ist, wie ein Aufsatz angegeben. Sprachatlanten werden mit einer Sigle zitiert, im Text wird auf diese Sigle und den Kartentitel (nicht mit der Seitenzahl) verwiesen: «cf. ALF, *argent (l')*» bzw. unter Nennung der Codierung. Beispiele:

ALF = Gilliéron, Jules / Edmont, Edmond (1902–1910): *Atlas linguistique de la France*. 10 vol. Paris: Champion.

AsiCa = Krefeld, Thomas / Lücke, Stefan [2013]: *Atlante sintattico della Calabria*. München: Ludwig-Maximilians-Universität. ‹http://www.asica.gwi.uni-muenchen.de› (10.12.2012).

4.5.13   Wörterbuch

Die Auswahl einschlägiger Wörterbücher richtet sich nach dem Arbeitsgebiet: Interessiert die Gegenwartssprache oder eine ältere Sprachstufe? Werden detaillierte dialektale Formen und Bedeutungen benötigt? Lernwörterbücher und zweisprachige Wörterbücher sind nur in ausgewählten Kontexten zitierfähig.

Wörterbücher sind selbstständige Veröffentlichungen. Die Zitierweise richtet sich nach dem Gliederungsprinzip von Wörterbüchern in Einzelartikeln zu den jeweiligen Stichwörtern bzw. Lemmata. Wörterbuchartikel werden im Text mit Angabe der Sigle (einer Abkürzung, meist aus den Anfangsbuchstaben des Wörterbuchs gebildet) und des Lemmas (des Artikelstichworts, → 4.7.5) zitiert. In der Bibliographie wird die Sigle dann aufgelöst. Auch bei Wörterbüchern, die regelmäßig aktualisiert werden, muss ggf. zwischen Auflage und Erscheinungsjahr unterschieden werden. Beispiel:

PRob = Robert, Paul (2009): *Le nouveau Petit Robert de la langue française*. Paris: Le Robert / Bureau Van Dijk.

4.5.14   Zeitschrift und Zeitschriftenaufsatz

Wissenschaftliche Zeitschriften zeigen durch ihren Titel an, welchem Fachgebiet sie sich widmen, innerhalb dessen sie die fachinterne Verständigung sichern. Zeitschriften werden von einem Herausgebergremium geleitet, deren Namen auf den Titelseiten aufgeführt werden. Die geltenden Qualitätsmaßstäbe werden häufig durch das so genannte Peer-Review-Verfahren umgesetzt. Das bedeutet, dass die Herausgeber nicht allein über die Annahme eines Artikels entscheiden, sondern eingereichte Manuskripte anonymisieren und dann an zwei oder mehr Fachgutachter weiterleiten. Diese Fachgutachter geben eine Stellungnahme zur Publikationsreife des Textes ab, den sie entweder glatt annehmen oder glatt ablehnen oder mit Auflagen für die Veröffentlichung empfehlen können. Das Peer-Review-

Verfahren ist bei internationalen Zeitschriften zu einem Qualitätsmerkmal der Zitierfähigkeit geworden.

Fachzeitschriften erscheinen in regelmäßigen Abständen, also periodisch (woher die Bezeichnung *Periodika* für Zeitschriften stammt), in der Regel ein- bis viermal pro Jahr. Es gibt aber auch monatlich erscheinende Zeitschriften. Die Einzelhefte eines Jahrgangs werden zusammengebunden, so dass sie in der Bibliothek äußerlich von gebundenen Büchern nicht zu unterscheiden sind. Zeitschriften haben zwar Herausgeber, diese werden aber im bibliographischen Eintrag nicht genannt. Einige Zeitschriften haben aber pro Band zusätzlich einen wechselnden Herausgeber, der Themenhefte der Zeitschrift koordiniert. In diesem Fall können sein Name und der Titel des Themenheftes in den bibliographischen Eintrag aufgenommen werden.

Zeitschriften sind selbstständige Veröffentlichungen, Zeitschriftenaufsätze sind unselbstständige Veröffentlichungen. Die Zitierweise umfasst die folgenden Angaben: Autor, Überschrift des Artikels, Name der Zeitschrift mit Bandnummer und – dies ist nicht unbedingt notwendig, kann aber die Literatursuche erleichtern – des Heftes, Jahr, Seitenangaben. Im Beispiel handelt es sich um den elften Band der Zeitschrift, und innerhalb dieses Bandes um das erste Heft:

Labeau, Emmanuelle (2006): «French Television Talk: What tenses for past time?». In: *International Journal of Corpus Linguistics* 11/1, 1–28.

Einige Zeitschriftentitel werden von mehreren Zeitschriften verwendet. So verzeichnet die Zeitschriftendatenbank (ZDB 1998–2009) fünf verschiedene Zeitschriften, deren Haupttitel *Linguistica* ist. In diesem Fall empfiehlt es sich, zusätzlich zum Titel den Untertitel oder den Erscheinungsort anzugeben.

Swiggers, Pierre (2005): «Formes, fonctions et catégories liguistiques: les principes de grammaire générale de Louis Hjelmslev». In: *Linguistica* (Ljubljana) 45, 41–52.

4.6 Publikationen im Internet und internetspezifische Textsorten

Für alle beschriebenen wissenschaftlichen Textsorten finden sich im Internet publizierte Varianten. Da sich nur das Medium ändert, braucht an der Substanz des bibliographischen Eintrags nichts geändert zu werden. Da im Vergleich zum Buch die Textsorten im Internet jung sind, bilden sich Standards derzeit noch heraus; Unterschiede betreffen aber eher die Form als den Inhalt. Ein fester Bestandteil der Angaben zum Dokument ist die Internetadresse, mit der englischen Abkürzung URL (*Uniform Resource Locator*) genannt. Bevor Internetdokumente zitiert werden, sollte diese Seite genau in Augenschein genommen werden. Ist der Ort, an dem das Dokument gefunden wurde, der ursprüngliche Erscheinungsort? Handelt es sich um die vollständige, autorisierte Version des interessanten Textes? Im Zweifelsfall sollte herausgefunden werden, wer den Text wo zuerst publiziert hat. Vielleicht führt diese kleine Recherche auch aus dem Internet in die Bibliothek.

Es sei darauf hingewiesen, dass in vielen Empfehlungen zum Zitieren von oder aus Internetdokumenten das Abfragedatum direkt hinter die Angaben zum Dokument gestellt wird, während in diesem Arbeitsheft das Abfragedatum hinter den URL gestellt wird. Dieses Verfahren hat zum einen den Vorteil, dass das Abfragedatum deutlich von den Angaben zum zitierten Dokument abgesetzt ist, dadurch werden Verwechslungen vermieden. Zum anderen wird dadurch zum Ausdruck gebracht, dass das Abfragedatum nur im Zusammenhang mit dem URL aussagekräftig ist, denn ein Dokument kann auf unterschiedlichen Seiten in unterschiedlichen Versionen verfügbar sein.

Bestandteile des bibliographischen Eintrags zu einem Internetdokument sind Autor, Titel und Versionsdatum des Einzeldokuments, ggf. Autor, Titel und Erstellungszeit(raum) des übergeordneten Dokuments. Der Angabe des Erscheinungsortes und Verlags bei gedruckten Texten entspricht bei Internetdokumenten die Angabe von Erscheinungsort und Institution oder Organisation, z. B. der Universität, auf deren Server das Dokument liegt. Diese Angaben garantieren den Standard wissenschaftlichen Arbeitens. Zudem kann auf ihrer Basis kurz und schön zitiert werden, in der Form «Autor Jahr» – beim Zitat im Text muss nicht deutlich werden, welches Medium gemeint ist.

Und da Verzeichnisstrukturen sich schnell ändern können, ist der Verweis auf Autor und Jahr im Zitat viel sicherer als die Angabe des Links im Text. Der Link bzw. der URL haben im laufenden Text keinen Platz, das Erscheinungsbild der Druckseite wird empfindlich gestört. Hingegen kann in der Bibliographie der URL in eine neue Zeile gesetzt werden, wenn sich dadurch ein Zeilenumbruch vermeiden lässt, so haben die Einträge ein einheitliches Erscheinungsbild.

Wenn ein Internettext korrekt zitiert ist, mit Namen, Titel und verantworteter Institution, ist der URL überflüssig und wird nur aus Gründen der Konvention angegeben. Kaum ein Leser des Literaturverzeichnisses wird sich die Zeit nehmen, eine lange Folge von Buchstaben, Zahlen und Sonderzeichen in den Browser einzugeben, schließlich ist der Text mit Titelstichwort und Institution im Internet schnell gefunden, wenn er noch verfügbar ist – und wenn er nicht mehr verfügbar ist, hilft der URL auch nicht weiter.

Der bibliographische Eintrag wird also durch die Angabe von URL und Abfragedatum ergänzt. Bei wissenschaftlichen Online-Zeitschriften wird das Dokument nach einem festen Redaktionsschluss zwar nicht mehr verändert, dennoch kann sich die Internetadresse ändern – darum sollte das Abfragedatum auch hier ergänzt werden.

Blank, Andreas (1997): «Nenn' nie Banane nur Banane». In: *Philologie im Netz* 1, 1–16.
  ‹http://www.phin.de› (13.10.2008).

Manchmal gehört aber auch ein wenig Übung dazu, alle Fragen zu beantworten: Wenn z. B. ein interessantes Dokument gefunden wurde, aber die Angabe «wo», d. h. die Nennung des Publikationsortes fehlt, kann der URL von rechts nach links schrittweise gekürzt werden, bis deutlich wird, welche Institution den Rahmen für die Web-Publikation zur Verfügung stellt. Wenn die Angabe zum Erstellungsdatum fehlt, kann das Impressum auf der übergeordneten Seite gesucht werden. Hier stehen oft Jahresangaben, zumindest in allgemeiner Form (z. B. «2002–2006»). Wenn nur ein älteres Datum – das der Veröffentlichung der

Präsenz in der zum Zeitpunkt der Abfrage gültigen Form – genannt wird, kann dieses zitiert werden: z. B. «2000ss.». Wenn gar kein Datum ermittelt werden kann, der Text aber allen Ansprüchen an Wissenschaftlichkeit genügt, kann das Datum der Abfrage in eckigen Klammern ergänzt werden.

4.6.1 Hypertextdokumente

Wenn eine Hypertextstruktur vorliegt, muss genau geprüft werden, welches die Texteinheit ist, die zitiert werden soll. Der Abschnitt aus dem Hypertext, der mit einem bibliographischen Eintrag zitiert wird, ist so gewählt, dass er eindeutig zitiert werden kann, dass also ein eindeutiger Titel, am besten auch ein namentlich erwähnter Autor und ein Versionsdatum ermittelbar sind. Wenn er Teil eines größeren Hypertextes ist, kann nach dem Vorbild eines Aufsatzes in einem Sammelband verfahren werden. Beispiel:

«Genre classes» (zuletzt geändert am 09.03.2008). In: *Web Genre Wiki* (2007–2012). ‹http://www.webgenrewiki.org/index.php5/Genre_Classes› (08.02.2013).

4.6.2 Programme

Wenn für die Analyse der Sprachdaten über die gängigen Textverarbeitungsprogramme hinaus spezielle Software hinzugezogen wurde, sollte dies nicht nur im Text erwähnt werden, sondern es sollte auch zu jedem verwendeten Programm eine bibliographische Referenz angeführt werden. Bei online verfügbaren Programmen bezieht sich diese auf eine Internetpräsenz.

Damit wird die Nachprüfbarkeit der Vorgehensweise gewährleistet, außerdem bringt es diese Zitierweise mit sich, dass die Version benannt wird, mit der gearbeitet wurde. Und schließlich darf nicht vergessen werden, dass es bei vielen Programmen möglich ist, Voreinstellungen vorzunehmen. Wenn diese in der Arbeit beschrieben werden, wird es nötig, aus der von den Programmautoren verfassten Anleitung zu zitieren. Auch dies erfordert die Erstellung eines bibliographischen Eintrags, auf den im Text verwiesen kann. Beispiel:

WordSmith = Scott, Mark (2008): *WordSmith Tools 5.0.* Lexikal Analysis Software Ltd. ‹http://www.lexically.net/wordsmith/version5/index.html› (19.09.2012).

4.6.3 Korpora

Auch online verfügbare Korpora werden nicht einfach mit URL zitiert, sondern mit Angabe der üblichen Sigle, ggf. der Verantwortlichen, des Titels, des Erscheinungsortes und -zeitraums – sowie URL und des Abfragedatums. Beispiele:

CdE = Davies, Mark. (2002ss.): *Corpus del español (100 millones de palabras, siglo XIII–siglo XX).* NEH / Brigham Young University. ‹http://www.corpusdelespanol.org› (05.02.2013).

4.6.4 Literaturdatenbanken

Es gibt zahlreiche Online-Versionen von literarischen Primärtexten, doch nicht alle sind zitierfähig. Ein wichtiges Auswahlkriterium ist, dass die Literaturdatenbank eine ausführliche Beschreibung enthält, welche die organisatorische Anbindung und Leitung, die Digitalisierungsmethode und die Suchmöglichkeiten darstellt. Außerdem muss für jeden Text eindeutig ermittelbar sein, auf welche gedruckte (oder handschriftliche) Quelle er zurückgeht. Wenn diese Information nicht ermittelbar ist, sollte dieser Text nicht zitiert werden. Allerdings kann die elektronische Version des Textes dennoch weiterhelfen, weil sie durchsuchbar ist. Mit Hilfe der Suchfunktionen können z. B. die jeweils relevanten Textstellen recherchiert werden, damit die Zitate in einer zitierfähigen Buchpublikation schneller aufgefunden werden und gemäß einer seriösen Edition wiedergegeben werden können.

Bei Zitaten von Texten, die Literaturdatenbanken entnommen wurden, sind zwei bibliographische Einträge erforderlich. Zum einen wird die Literaturdatenbank benannt, zum anderen wird ein bibliographischer Eintrag für den zitierten Text angefertigt, der mit einem Verweis auf die Literaturdatenbank abschließt. Bei den zitierten Literaturdatenbanken ist davon auszugehen, dass die einmal veröffentlichten Texte nicht mehr verändert werden. Das Abfragedatum kann jedoch zusätzlich angegeben werden. Beispiele:

Gide, André / Valéry, Paul (1955): *Correspondance (1890–1942)*. Préface et notes par Robert Mallet. Paris, Gallimard. In: Frantext.

Dante Alighieri (1995 [1307]): *Il Convivio*. A cura di Franca Brambilla Ageno. 3 vol. Firenze, Le Lettere. In: OVI.

Frantext = ATILF / CNRS / Nancy Université (1992ss.): *Base textuelle Frantext*. Nancy. ⟨http://www.frantext.fr⟩ (02.02.2013).

OVI = Istituto Opera del Vocabolario Italiano / Consiglio Nazionale delle Ricerche (eds., 1998ss.): *ItalNet. Banca dati dell'italiano antico. Opera del Vocabolario Italiano*. Firenze. ⟨http://www.ovi.cnr.it⟩ (02.02.2013).

4.6.5 Weitere Formate

Internetspezifischen Textsorten ist gemeinsam, dass nicht nur Einzeldokumente zitiert werden, sondern eine Plattform, welche die jeweilige Mailingliste, das Forum oder den Chat verantwortet bzw. als Anbieter im Bereich der Social Media auftritt. Es muss also stets recherchiert werden, wer hinter der zitierten Seite steht. Das Einzeldokument muss diesem Rahmen mit allen verfügbaren Angaben über Autor und Erstellungsdatum zugeordnet werden. Die Uhrzeit wird angegeben, wenn es für die Eindeutigkeit der Literaturangabe erforderlich ist.

Im folgenden Beispiel wird für das Archiv der Mailingliste *Corpora* ein eigener Eintrag mit Sigle erstellt; dadurch können mehrere Mails aus dieser Liste zitiert werden, ohne dass jedes Mal die vollständige Angabe zur Liste erfolgen muss.

Baroni, Marco (18.09.2008): «Re: [Corpora-List] Corpus vs. Intuition». In: CA.

Krishnamurthy, Ramesh (03.10.2012): «[Corpora-List] What is corpora and what is not?». In: CA.
CA = Hofland, Knut (ed., 2004ss.): *The Corpora Archives*. ⟨http://mailman.uib.no/public/corpora/⟩ (07.02.2013).

Während in Mailinglisten wie der hier zitierten Corpora-List im wissenschaftlichen Kontext relevante Informationen ausgetauscht werden, die ggf. auch zitierfähig sind, werden Blogs, Chats oder Diskussionsforen sowie die Beiträge zu Social Media (Twitter® und Facebook®) in sprachwissenschaftlichen Texten in der Regel als Primärtexte interessant, d. h. sie werden nicht als wissenschaftliche Texte zitiert (Beispiele → Kap. 8.1).

4.7 Weitere medienspezifische Konventionen

Nicht erst seit Anbruch des digitalen Zeitalters gibt es wissenschaftliche Publikationsformen, die alternativ zum gedruckten Buch verwendet werden oder dieses ergänzen. Solche Literaturangaben enthalten zusätzlich zu den bisher beschriebenen Informationen die Angabe, welches Medium verwendet bzw. welche Reproduktionsform gewählt wurde.

4.7.1 Typoskripte

Typoskripte sind maschinenschriftliche oder am Computer verfasste, in geringer Auflage vervielfältigte und zusammengeheftete oder gebundene Texte, die nicht von einem Verlag herausgegeben wurden und daher keine Bestellnummer (ISBN) haben. Besonders Texte, für die nur eine geringe Auflage vorgesehen oder möglich war, stehen als Typoskripte zur Verfügung. In diesem Fall steht hinter dem Titel des Textes «Typoskript», «Manuskript» oder die Abkürzung «ms.» (selbst wenn es sich nicht im eigentlichen Sinne um Handschriften handelt). Beispiel:

Lonergan, Joanna / Kay, Jack / Ross, John (1974): *Étude sociolinguistique sur Orléans. Catalogue d'enregistrements*. Colchester: Typoskript.

4.7.2 Mikrofilm und Mikrofiche

Mikrofilm und Mikrofiche (im Karteikartenformat) sind sehr alterungsbeständige und platzsparende Datenträger. Um Informationen, die auf Mikrofilmen oder auf Mikrofichen gespeichert sind, einzusehen, werden spezielle Lesegeräte benötigt, welche in den Lesesälen der besitzenden Bibliotheken bereitgestellt werden. Die Angabe des Datenträgers ergänzt den bibliographischen Eintrag.

ABI1 = *Archivio Biografico Italiano* (1987–1991). München: Saur (Mikrofiche).

4.7.3   CD-ROM und E-Book

Auch bei CD-ROM und E-Book können die bereits genannten Beispiele zum Vorbild genommen werden. Alle benötigten Angaben sind auf elektronisch nutzbaren Datenträgern zu finden, so dass sich der Eintrag in der Bibliographie von denen zu gedruckten Werken nur durch den Zusatz «CD-ROM» oder «E-Book» unterscheidet.

Mit «E-Book» werden einerseits (in weiterem Sinne) Dateiversionen gedruckter Bücher bezeichnet (PDF-Dokument), andererseits Dateien, die auf einem speziellen Lesegerät einsehbar sind und damit im engeren Sinne ein «elektronisches Buch» darstellen. Man kann in diesem Fall auch genauer sagen, welches E-Book-Format verwendet wurde.

PRob(e) = *Le Petit Robert de la langue française 2011. Version électronique du Nouveau Petit Robert, dictionnaire alphabétique et analogique de la langue française* (2010). Paris: Le Robert (CD-ROM).

4.7.4   Filme und Musik

Filme und Musik können als Quelle sprachlicher Daten ausgewertet werden; für die Zitation empfiehlt sich die Zuweisung einer Sigle. Bei Filmen erfolgt zum Titel die Angabe des Regisseurs sowie von Produktionsland, -firma und -jahr; wenn ein Film nach einer DVD zitiert wird, werden auch Produktionsfirma und -jahr dieser Version zitiert.

Bei Musik-CDs werden Interpret(en), Titel, Label und Produktionsjahr angegeben. Wenn der Name des Labels nicht eindeutig aus dem Datenträger oder dem Cover hervorgeht, helfen Internet-Kataloge weiter oder der auf dem Tonträger aufgedruckte vier- bis fünfstellige LC (*Label-Code*).

Esquive = *L'esquive* (2003). Un film de Abdellatif Kechiche. France, Noé Productions (DVD Aventi 2004).
LA = Louise Attaque (2000): *Comme on a dit*. Atmosphérique (LC02333, CD).

Filmausschnitte aus dem Internet (z. B. YouTube) sollten nur dann verwendet werden, wenn keine zitierfähige Version (DVD, Archiv von Sendeanstalten o. ä.) verfügbar ist.

In diesem Fall werden die Angaben zum Film sowie zur Plattform zitiert. Die Plattform wird im folgenden Beispiel als Sigle verwendet, sie wird im ersten Beitrag nur mit dem Namen angegeben und erhält einen eigenen Eintrag. Im Falle der Social Media wie YouTube[®], Twitter[®] und Facebook[®] werden die Nutzernamen und/oder Pseudonyme angegeben.

entrasinllamar (25.09.2011:·«*El arte de insultar en catalán*».
    In: YouTube. ⟨https://www.youtube.com/watch?v=sWKVKqrHwAw⟩ (02.02.2013).
YouTube = YouTube, LLC (2013): *YouTube. Broadcast yourself.*
    ⟨http://de.youtube.com⟩ (02.02.2013).

4.7.5 Die Arbeit mit Wörterbüchern und Grammatiken

Bei Zitaten aus Wörterbüchern und Grammatiken ist es üblich, dass nicht nur ein Werk herangezogen wird, sondern dass unterschiedliche Definitionen, Datierungen oder Verwendungsbeispiele aus Wörterbüchern bzw. unterschiedliche Regeln, Verwendungsbeispiele oder Klassifikationen aus Grammatiken einander gegenüber gestellt werden. Daher finden sich oft mehrere Verweise auf engem Raum. Damit die Darstellung übersichtlich bleibt, werden Wörterbücher und Grammatiken meist mit einer Kurzform, d. h. mit einer Sigle zitiert. Diese Sigle wird im Literaturverzeichnis dem vollständigen bibliographischen Eintrag zugeordnet (→ Kap. 4.4.3). Aus Wörterbüchern wird üblicherweise mit Verweis auf das Lemma zitiert, also auf das Stichwort, unter dem der zitierte Wörterbuchartikel eingeordnet ist. Diese Information ist aussagekräftiger als die Seitenzahl, zudem ist sie auch dann eindeutig, wenn ein Wörterbuch in mehreren Auflagen erschienen ist und sich die Seitenzahlen häufiger ändern als die Makrostruktur, d. h. der Aufbau des Wörterbuchs und die Auswahl der Artikel, die es enthält.

Aus einem Wörterbuch wird in folgender Form zitiert: Nach dem kursiv gesetzten Beleg und ggf. der in Anführungszeichen gesetzten Bedeutungsangabe werden in Klammern die Sigle des Wörterbuchs und die Fundstelle eingetragen, wobei die Fundstelle durch die Abkürzung *s. v.* 'sub voce', 'unter dem Stichwort' eingeleitet wird, dann wird das Lemma bzw. Stichwort genannt.

(14) *citer* 'Rapporter (un texte) à l'appui de ce que l'on avance' (PRob, s. v. *citer*)
(15) *derecho de autor* 'el que la ley reconoce al autor de una obra para participar en los beneficios que produzca su publicación, ejecución o reproducción, y que alcanza, en algunos casos, a los ejecutantes e intérpretes' (DRAE, s. v. *derecho*)

Viele Grammatiken enthalten eine Gliederung nach Paragraphen. Wenn dies der Fall ist, wird auch eher der Paragraph zitiert als die Seitenzahl. Auch hier gilt, dass diese Angabe bei unterschiedlichen Auflagen stabiler ist.

Arbeitsaufgaben zu Kapitel 4

1. Welche enzyklopädischen Nachschlagewerke aus den Ländern der Romania, deren Sprache(n) Sie studieren, stehen im Lesesaal Ihrer Bibliothek zur Verfügung?
2. Zu welchem Bibliotheksverbund gehört der Katalog Ihrer Universität?
3. Welche romanistischen Datenbanken sind an Ihrer Universitätsbibliothek abonniert?
4. Erstellen Sie ein Literaturverzeichnis nach den folgenden Schritten. Zuerst wählen Sie ein Thema aus einer aktuellen Vorlesung und schreiben drei damit verbundene sprachwissenschaftliche Termini auf, nach denen Sie suchen können, z. B. «Höflichkeit», «Pragmatik», «Französisch». Ermitteln Sie auch die englischen und objektsprachlichen (französischen, italienischen, spanischen ...) Äquivalente dieser Termini.

5. Beginnen Sie jetzt mit der systematischen Suche, indem Sie Ihren Schlagworten die Ziffern des Systemschlüssels in der *Romanischen Bibliographie* zuordnen, entweder in der gedruckten Ausgabe oder in der PDF-Version auf der Homepage des Verlags. Notieren Sie fünf der vierstelligen Kombinationen, die jeweils auf unterschiedliche Fachgebiete verweisen. Prüfen Sie die Einträge unter diesem Code aus den letzten fünf Jahrgängen.
6. Zu welchen Ergebnissen führt die Suche nach den Schlagwörtern in den Datenbanken der *BLLDB*, der *MLA* und in *Web of Science*?
7. Notieren Sie sich die vollständigen bibliographischen Angaben, die Sie in den genannten Bibliographien ermitteln konnten, mit dem Systemschlüssel der *Romanischen Bibliographie* bzw. mit der Schlagwortsuche in den Datenbanken. Achten Sie darauf, dass alle in Kap. 4.5 genannten wissenschaftlichen Textsorten mindestens dreimal vertreten sind.
8. Ermitteln Sie in den Katalogen Ihrer Bibliothek, ob die recherchierten Titel verfügbar sind oder ob Sie ggf. eine Fernleihe aufgeben müssten.

5   Die Arbeit mit Editionen historischer Texte

Seit den Anfängen der romanischen Philologie wurde mit historischen Quellen gearbeitet, die gesammelt und in zeitgemäßen Drucken veröffentlicht. Im Jahr 1846 gab Friedrich Diez in Bonn die Textsammlung *Altromanische Sprachdenkmale* heraus.[29] Durch die Drucklegung mit den zeitgenössischen Möglichkeiten der Technik konnten einmalig vorhandene Manuskripte, die nur wenigen zugänglich waren, für Studium und Forschung zur Verfügung gestellt werden.

In der modernen Sprachgeschichtsschreibung werden unterschiedlichste Quellen befragt, die auf unterschiedlichsten Textträgern überliefert sind: auf Pergament, auf Papier, auf Wänden, auf Steinen ... Die Möglichkeiten, diese jahrhundertealten Texte auf modernen Datenträgern zum Erscheinen zu bringen und in moderne Zeichensätze zu übertragen, sind vielfältig. Die Methodenfragen dieser Übertragung von historischen Textzeugnissen in moderne Medien, bei der eine sehr gute Kenntnis der Quellen gefragt ist und viele Entscheidungen in Einzelfragen nötig werden, sind Gegenstand einer eigenen, auch romanistischen, (Teil-)Disziplin geworden, der Editionsphilologie.[30]

5.1   Autor und Text

Eine Edition ist das Ergebnis einer langen (manchmal Jahrhunderte und Jahrtausende dauernden) Textgeschichte, in welcher sich eine mehrköpfige Urheberschaft auswirkt. Die einfache Frage «von wem ist der Text?» erfordert, wenn sie sich auf historische Texte bezieht, meist eine längere Antwort, und wenn zudem eine wissenschaftliche Ausgabe, eine Edition vorliegt, kommt eine weitere Persönlichkeit ins Spiel (nämlich der wissenschaftliche Herausgeber). Die Beschäftigung mit historischen Quellen verlangt eine erweiterte Definition von Text und Autorschaft. Der Text, den eine Edition zur Verfügung stellt, ist ein Arbeitsergebnis der Editionsphilologie, die sich darum bemüht, alle Arbeitsschritte zu begründen und zu erklären und dabei den historischen Quellen auf die jeweils beste Art und Weise gerecht zu werden.

Die Voraussetzung der Arbeit besonders mit mittelalterlichen Quellen ist jedoch, dass das «Original» eines Textes ein rein gedankliches Konzept bleibt: Der Text, wie ihn der Autor entwarf, ist in den meisten Fällen nicht zugänglich. Selbst wenn ein Autograph erhalten ist, das heißt ein Text, den der Autor selbst handschriftlich abgefasst hat, kann dieser Text Schreibfehler, Korrekturen oder Änderungen enthalten, welche die Frage danach, wie

---

[29] Ein kurzer wissenschaftshistorischer Abriss der Editionsphilologie findet sich in Ménard (2003).
[30] Editionsphilologische Forschungsfragen und Methodendiskussionen finden sich u. a. in den Jahrbüchern *Editio. Internationales Jahrbuch für Editionswissenschaft*, deren erster Band (1987) erschien.

das Original zu lesen sei, aufwerfen.[31] Bei Texten, die in Editionen vorliegen, ist die Urheberschaft auf mehrere Personen verteilt. Der historische Text hat einen Autor, der namentlich bekannt oder anonym ist. Es kann sich auch um Autorenkollektive handeln, wenn eine Schrift gemeinschaftlich von verschiedenen Autoren verfasst wurde. In einigen Fällen ist gesichert, dass vom Autor des Textes eine Handschrift vorliegt, die er selbst erstellt hat, d. h. ein Autograph, dies ist jedoch die Ausnahme. Bereits bei der Textabfassung kann eine zweite Person beteiligt sein, wenn der Autor seinen Text einem Schreiber diktierte.

Im Mittelalter fand ein handschriftlicher Text, ein Manuskript, nach der Abfassung in Form von Abschriften Verbreitung. In Scriptorien, d. h. Schreibwerkstätten, die meist zu Klöstern gehörten, waren Kopisten mit der Aufgabe betraut, einen Text – ebenfalls handschriftlich – zu vervielfältigen; dieser Text wurde meist vorgelesen (Diktat) und von mehreren Kopisten gleichzeitig neu verschriftet. Daher sind mehrere Personen an der Textentstehung beteiligt, deren Zahl bei vielen überlieferten Manuskripten nicht sicher festgestellt werden kann: der Autor, der mit dem ersten Schreiber identisch sein kann, aber nicht muss, Kopisten, welchen nur zum Anfang der Überlieferungszeit das Original zur Verfügung stand und, in späteren Phasen der Texttradition, Abschriften von Abschriften. Es versteht sich von selbst, dass jede Abschrift Gelegenheit gibt, den Text geringfügig oder tief greifend zu verändern. Auch nach der Erfindung des Buchdrucks sind unterschiedliche Personen an der Textentstehung beteiligt: Autor, Schreiber, Verlagsmitarbeiter (welche den Text überarbeiteten und korrigierten), zudem wurden Texte häufig nachgedruckt, oft in geänderter Form.

Besonders kompliziert wird es im Falle von Übersetzungen. Dann wird die Autorschaft noch einmal in «Autor des Originaltextes» und «Übersetzer» aufgeteilt. In der Editionsphilologie wird die Textgestalt, welche sich im Verlauf der Überlieferung durch Abschrift und Überarbeitung ständig wandelt, mit einem Kleid verglichen, welches über den Text gehängt wird, man spricht vom sprachlichen Gewand (frz. *vêtement linguistique*, it. *veste linguistica*, span. *vestido lingüístico*) eines Textes. Es ist die Aufgabe der Editionsphilologie, der Frage nachzugehen, wer an der Textabfassung beteiligt war. Die jeweilige Situation wird in der Einleitung einer Edition dargestellt: Was ist über den Autor bekannt? Was ist über die Personen oder Institutionen / Scriptorien bekannt, die den Text vervielfältigten? Wie wurde er überliefert?

5.2   Typen von Editionen – und ihre Auswahl

Editionen lassen sich danach unterscheiden, für wen sie erstellt wurden. Wenn im Studium mit historischen Quellen gearbeitet wird, können unterschiedliche Versionen des gleichen Textes herangezogen werden. Es kann sich sogar empfehlen, vor allem zu Anfang mehrere

---

[31]   Vgl. die einführende Darstellung von Segre (2001).

Ausgaben des gleichen Texts zu suchen, um sich einzulesen und um sich eine Idee davon zu verschaffen, welche Aspekte der originalen Textfassung für den eigenen Kontext wichtig sind. Um die richtige Auswahl zu treffen, sollten die wichtigsten Typen von Editionen bekannt sein. Im Folgenden werden zwei Kriterien behandelt, nach denen (mehr oder weniger) moderne Ausgaben historischer Quellen unterschieden werden können.

5.2.1 Adressatenkreis

Eine erste Unterscheidung orientiert sich daran, welche Vorkenntnisse bei dem Leserkreis, an den sich die Edition richtet, bestehen. Schon in der Schule historische Texte gelesen, und in diesem Fall kommt es darauf an, dass eine Edition den Text besonders gut zugänglich macht. Dafür wird in Kauf genommen, dass die ursprüngliche Erscheinungsform des Textes deutlich verändert wird. So werden die Schriftzeichen angepasst, altertümliche sprachliche Formen an den modernen Gebrauch angepasst und veraltete Wörter durch moderne Ausdrücke ersetzt. Doch auch im wissenschaftlichen Bereich gibt es unterschiedliche Ansprüche an Editionen, je nach dem Adressatenkreis, der damit arbeiten soll. Man unterscheidet die folgenden Editionsformen:

— Leseausgaben erschließen einen historischen Text einem breiteren bzw. jüngeren Publikum. Dafür werden historische Texte teilweise geradezu übersetzt, also in eine moderne sprachliche Form übertragen.
— Studienausgaben haben die Aufgabe, den Text einerseits gerade in seiner historischen Fremdheit vorzustellen, ihn aber zugleich zu erklären und auch für angehende Experten lesbar zu machen.
— Diplomatische Editionen gelten *Diplomen* 'Urkunden', sie beziehen sich vorwiegend auf Schriftstücke, die in Archiven aufbewahrt werden. Diese Quellen werden orginalgetreu, ohne Glättung des Textes, wiedergegeben.
— Kritische Editionen basieren nicht nur auf einer Quelle, sondern sie befassen sich auch mit den Quellen der Quellen: Der überlieferte Text wird so kommentiert, dass deutlich wird, auf welchen anderen Texten er aufbaut. Wenn mehrere Manuskripte, die den gleichen Text enthalten, erhalten sind, werden diese verschiedenen Überlieferungen systematisch miteinander verglichen.
— Faksimile-Editionen enthalten Abbildungen, die mit Hilfe aufwändiger Reproduktionsverfahren das Original mit möglichst vielen seiner Eigenschaften zeigen, möglichst farbig. Die fotografische Technik führt das originale Layout sowie Schriftzeichen, Stempel, Illustrationen, Korrekturen und Kommentare vor Augen.

5.2.2 Aufbereitung der Texttradition

Eine zweite Unterscheidung von Editionen richtet sich nach der Methode, mit der die Textüberlieferung aufbereitet wird. In einer Edition muss häufig damit umgegangen werden, dass das Original des Textes verloren ging, und dass man heute nur noch spätere Abschriften dieses Originals hat. Bei bekannten Texten können dies einige Hundert sein. Diese unterschiedlichen Textversionen müssen systematisch erfasst und in eine Ordnung gebracht werden. In der Geschichte der Editionsphilologie wurde für diese Arbeitsschritte die erste strenge Methode von Karl Lachmann (1793–1851) entwickelt, der sich mit lateinischen und mittelhochdeutschen Texten befasste.

Nach Lachmann führt die systematische Sichtung und Bewertung der überlieferten Manuskripte, die einem verlorenen Basistext zugeordnet werden können, zu einer Rekonstruktion des Originaltextes. Die überlieferten Manuskripte werden in eine zeitliche Reihenfolge gebracht, die in der Form eines Stammbaums (Stemma) verdeutlicht wird. Die Phasen der Lachmann'schen Methode sind die folgenden:

– *recensio*: Die Varianten der einzelnen Manuskripte werden verglichen. In der Praxis der Editionsphilologie wurden in einigen Texten besonders wichtige Stellen erkannt, die aussagekräftig genug sind, um unterschiedliche Manuskriptverzweigungen abzugrenzen. Solche Textstellen werden *loci critici* genannt und helfen durch eine reduzierte Auswahl möglicher Varianten, zu guten Einschätzungen zu gelangen.
– *examinatio*: Die Varianten werden klassifiziert, gemeinsame Fehler werden herausgearbeitet, die Manuskripte werden in Familien, d. h. Verzweigungen des Stemmas, eingeteilt.
– *emendatio*: Eine auf Basis der Rekonstruktion korrigierte Textfassung wird erstellt, durch *Konjekturen* (Verbesserungen) werden als fehlerhaft bewertete Stellen des Manuskriptes in der Edition ersetzt.

Eine andere Auffassung vertrat später der Romanist Joseph Bédier (1864–1938). Statt – wie Lachmann – aus mehreren Manuskripten bzw. Manuskripttraditionen einen zusammengesetzten Text vorzustellen, legte er seiner «dokumentarischen» Edition ein einziges Manuskript zu Grunde, welches er nach eingehendem Studium aller überlieferten Manuskripte für geeignet hielt (Leithandschrift, *bon manuscrit*). Diese Methode ist bis heute sehr verbreitet, allerdings bedient man sich auch weiterhin der Methoden des Vergleichs, die Karl Lachmann etabliert hat.[32]

Im Kontext der *nouvelle philologie* wurde die Manuskripttradition mit ihren zahlreichen Varianten selbst zum Hauptgegenstand des Interesses.[33] Dabei verschob sich die Fragestellung von der Zielsetzung, dem (idealen) Original so nah wie möglich zu kommen auf die Herausforderung, die vielfältigen Erscheinungsformen eines Textes und der Varianten, welche die Manuskripttradition kennzeichnen, als Bestandteil der mittelalterlichen Schriftkultur zu verstehen. Dieser Variantenreichtum wird idealerweise digital erfasst und analysiert.

---

[32] Die Wahl der richtigen Methode wird bis heute kontrovers diskutiert. Eine vertiefte Übersicht findet sich in Schröder (1998).
[33] «Or l'écriture médiévale ne produit pas des variantes, elle est variance» (Cerquiglini 1989: 111).

5.2.3   Auswahl

Wer sich einmal mit der Frage von Texteditionen und unterschiedlichen Versionen auseinandergesetzt hat, wird bei jeder Textausgabe zuerst prüfen, worum es sich da handelt. Informationen, die vielleicht bei der reinen Suche nach einem historischen Text sonst gar nicht zur Kenntnis genommen würden, gewinnen dann an Bedeutung, und man sucht nach den Angaben, die bei der Beurteilung helfen. Die folgenden Informationen sollten für jede Publikation, die als mögliche Textausgabe in Frage kommt, geprüft werden. Wenn zu viele Aspekte unklar sind, handelt es sich möglicherweise nicht um eine zitierfähige Edition sondern um einen kommerziellen Nachdruck des historischen Textes, der nicht mehr durch Copyright geschützt ist. Es ist zwar nichts dagegen einzuwenden, wenn Klassiker am Kiosk verkauft werden oder auf e-Book-Portalen kommentarlos im Volltext eingestellt werden, aber für wissenschaftliche Arbeiten sollte es andere Quellen geben.

- Wer ist der Herausgeber?
- Für welche Fachdisziplin wurde die Edition erstellt? Grundsätzlich können nicht nur sprachwissenschaftlich orientierte Editionen zitiert werden, aber in anderen Fächern werden andere Maßstäbe angelegt. Dies sollte bekannt sein.
- Wird in der Einleitung erläutert, auf welcher Manuskript- oder Druckausgabe die Edition beruht?
- Werden die Transkriptionskriterien (→ Kap. 5.5.2) erläutert?
- Gibt es einen Kommentar zu sprachhistorischen Besonderheiten?

5.3   Textgrundlagen: Medien

Wie in benachbarten historischen Wissenschaften gibt es auch in der sprachwissenschaftlichen Quellenarbeit unterschiedliche Schriftträger. Die folgende Auflistung ist keineswegs vollständig, soll aber einen Eindruck davon geben, wie breit das mögliche Quellenspektrum ist.

- Manuskripte: Wenn mehrere Manuskripte zusammengebunden sind, spricht man von einem *Codex*, pl. *Codices*, gebräuchlich ist auch dt. *Kodex*, pl. *Kodizes*.
- Urkunden: Unter diesen Sammelbegriff fallen Schriftstücke von unterschiedlichem Status, der sich in der genauen Bezeichnung niederschlägt.
- (Alte) Drucke: Seit dem 15. Jh. werden in Europa Bücher gedruckt, um 1454 verwendete Johannes Gutenberg in Mainz für den Druck der Bibel bewegliche Lettern. Die frühen Drucke (etwa bis 1500) bezeichnet man als Wiegendrucke bzw. Inkunabeln. Sie werden nach ihrem Format als Folio, Quart oder Oktav bezeichnet.
- Karten: Alte See- und Landkarten stellen wichtige Quellen für die Namenkunde dar, für Ortsnamen (Toponyme) und für Gewässernamen (Hydronyme).
- Register (aus der staatlichen und kirchlichen Verwaltung, aber auch aus dem Bereich

des Handels): Register stellen ebenfalls Quellen für die Namenkunde dar, für Personen- und Familiennamen, auch möglicherweise für Berufsbezeichnungen.
- Inschriften (Fresken, Mauern, Grabsteine, Grenzsteine): Bedeutende Zeugnisse für die romanische Sprachgeschichte stellen z. B. Inschriften aus römischer Zeit dar, welche dem so genannten Vulgärlatein zuzurechnen sind.

5.4 Varianten und Fehler

Wie oben beschrieben, sind Varianten, also unterschiedliche Schreibweisen oder sprachliche Formen aufschlussreich, um Gemeinsamkeiten und Unterschiede von Manuskripten zu erkennen. Ein allgemeines Prinzip besagt, dass beim Kopieren meist Vereinfachungen vorgenommen werden. Wenn also zu entscheiden ist, welche Variante zu bevorzugen ist, wird nach dem Satz *lectio difficilior, lectio potior* («die schwierigere Lesart ist schlagkräftiger») verfahren: Die schwierigere Lesart ist die bessere bzw. wahrscheinlich näher am Original.

Da mittelalterliche Manuskripte in Scriptorien, meist klösterlichen Kopierwerkstätten, vervielfältigt wurden, kommt es häufig zu Abschreibfehlern wie Sprüngen, Hinzufügung von Wörtern (Interpolation) oder im Gegenteil Auslassung einer Zeile oder eines Wortes. In einigen Schriftarten kommt es leicht zur Verwechslung von ⟨ſ⟩ für ⟨s⟩ und ⟨f⟩ bzw. zu Verwechslungen bei *Strichkonsonanz*: ⟨m⟩ oder ⟨ni⟩, ⟨nu⟩ oder ⟨uv⟩ usw.

Weiterhin sind inhaltliche Fehler möglich, die auf Hörfehler oder auf Schreibfehler zurückgehen können (*dictée intérieure*: der Text wird leise zitiert und dabei möglicherweise beim Schreiben verändert), oder auf sprachliche Varianten, die sich unterschiedlichen dialektal gefärbten Schrifttraditionen zuordnen lassen.

Auch kommt es vor, dass Manuskripte von verschiedenen Schreibern bearbeitet wurden; in diesem Fall spricht man von unterschiedlichen Händen. Wenn in einem Manuskript Varianten aus eigentlich entfernten Manuskriptfamilien nebeneinander zu finden sind, kann es sich um Kontamination handeln, also um eine Mischform, welche darauf schließen lässt, dass beim Kopieren unterschiedliche Manuskripte gleichzeitig verwendet wurden.

5.5 Aufbau einer wissenschaftlichen Edition

5.5.1 Einleitung

Eine wissenschaftliche Edition ist daran erkennbar, dass in der Einleitung nicht nur Informationen über die Entstehung des Textes, sondern auch über die Entstehung der vorliegenden Edition gegeben werden. Dieses Prinzip, die Voraussetzungen und methodischen Entscheidungen möglichst genau darzulegen, gilt auch für Editionen auf Datenträgern wie Mikrofiche und CD-ROM oder im Internet.

Die Einleitung gibt Auskunft, welcher oder welche Versionen des edierten Textes zur Verfügung stehen und in welcher Weise sie für die Edition berücksichtigt wurden. Dabei werden auch die Fragen der Entstehung beantwortet: wann der Text (vermutlich) abgefasst wurde, wo er entstand, wer ihn abgefasst, niedergeschrieben bzw. kopiert hat. Auch die Handschrift und Schreibweisen werden meistens beschrieben;[34] im Mittelalter lassen sich Scriptae unterscheiden, das heißt Schreibtraditionen, die sich durch die Gleichartigkeit der Grapheme und der sprachlichen Besonderheiten auszeichnen und einem geographischen Gebiet mit kulturellem Zentrum zuzuordnen sind. Diese Darstellung wird meistens dadurch abgerundet, dass auch vorherige Editionen besprochen und charakterisiert werden, auch um zu begründen, warum die nun vorgestellte Edition einen Fortschritt bedeutet.

Weiterhin leistet die Einleitung einen Beitrag zur fachlichen Erschließung: Wenn es sich um eine Edition eines sprachhistorisch interessanten Textes handelt, werden die sprachlichen Besonderheiten vorgestellt.

Die folgenden Passagen sollen auch auf den eigenen Umgang mit historischen Texten, die noch nicht ediert sind, vorbereiten. Zum Beispiel kann es bereits in frühen Phasen des Studiums interessant sein, Quellen zu zitieren oder zu untersuchen, die nur in Reproduktionen eines Alten Druckes vorliegen. In diesem Fall sollte es nicht dem Zufall überlassen bleiben, wie der Quellentext in moderner Typographie umgesetzt wird.

5.5.2 Transkriptionskriterien

Transkribieren bedeutet 'übertragend verschriften'. Der Unterschied zum Abschreiben besteht darin, dass es nötig ist, in der neuen Version andere (moderne) Schriftzeichen zu wählen. Bei einer Edition wird ein Text, der in einem – meist historischen, oft handschriftlichen – System von Graphemen (Schriftzeichen) vorliegt, in einen modernen Zeichensatz (der EDV) übertragen. Auch wenn ganz allgemein das Prinzip gilt, «nah am Original» zu bleiben, werden zahlreiche Entscheidungen notwendig. Das beginnt schon damit, dass in der EDV ein Leerzeichen stets erkennbar ist; in Manuskripten ist aber nicht immer zu unterscheiden, ob es sich jeweils um einen Wortzwischenraum oder um einen ungewöhnlich großen Abstand zwischen zwei Buchstaben ein und desselben Wortes handelt.

Kriterien aufzustellen bedeutet, Entscheidungen transparent zu machen. Diese Entscheidungen richten sich danach, an wen sich die Edition wendet und in welchem Fachgebiet sie genutzt werden soll.

---

[34] Die Untersuchung historischer Schriften ist Aufgabe der Paläographie. In der heutigen Bezeichnung für Schriftarten ist häufig noch die antike Tradition zu erkennen; z. B. geht die Bezeichnung der KAPITÄLCHEN auf die lat. *capitalis* zurück, die Lettern, welche für Inschriften auf Monumenten verwendet wurden. Einen guten Einstieg in die Entwicklung der romanistisch relevanten Schriftsysteme stellt Frank-Job (2001) dar.

Für Archivmaterialien wie Diplome (s. o.) wurde der Standard der diplomatischen Transkription etabliert. Dabei wird Letter für Letter die Schreibweise des Originals übernommen; bei der Interpunktion können hingegen Eingriffe vorgenommen werden. Zu folgenden Fragen muss bei der Transkription eines historischen Textes Stellung genommen werden:

- Typographie: Wird ein moderner Zeichensatz verwendet oder werden die Grapheme des Originals mit Sonderzeichen nachgebildet? Wenn im Text Grapheme, besonders mit Akzenten und diakritischen Zeichen (‹à›, ‹ç›, ‹ñ› etc.) anders, als es heute üblich ist, verwendet werden, muss eine Entscheidung getroffen werden. In sprachwissenschaftlichen Editionen gilt in der Regel, dass die Schreibweise des Originals beibehalten wird.
- Graphemoppositionen: In historischen Texten stehen Grapheme nicht immer in derselben Opposition wie heute. ‹i› und ‹j›, ‹s› und ‹ſ›, ‹u› und ‹v› können entweder wie heute Unterschiedliches bezeichnen, oder sie werden nach einem anderen als dem heute gültigen Prinzip verwendet. In historischen Drucken wird z. B. häufig am Wortanfang ‹v› und im Wortinnern ‹u› verwendet, und sowohl an Stelle des modernen ‹u› als auch an Stelle des modernen ‹v›. In vielen Editionen wird darauf verzichtet zufällige Verteilungen dieser nicht distinktiv verwendeten Zeichen zu übernehmen, dann wird der moderne Gebrauch gewählt.
- Graphische Latinismen: Die Schriftsysteme auch der romanischen Sprachen haben ihre eigene Geschichte. Ein Beispiel für eine graphische Mode ist die Wiedereinführung bzw. Neueinführung latinisierender Schreibweisen in französischen Texten des 16. Jh. wie ‹ct›, ‹pt› und ‹sc› (z. B. ‹escript›, heute ‹écrit›), andere latinisierende Schreibweisen sind ‹h› (z. B. ‹haveva›, heute ‹aveva›) und ‹ti› wo heute ‹zi› steht (z. B. ‹inventione›, heute ‹invenzione›) im Italienischen. In sprachhistorisch orientierten Editionen werden latinisierende (oder archaisierende) Schreibweisen meist übernommen.
- Wortabstände und Worttrennungen: Der heute in den romanischen Sprachen eingesetzte Apostroph wird erst seit den Zeiten des Buchdrucks verwendet. In einigen historischen Editionen wird er aber auch bei der Transkription älterer Texte nach modernem Gebrauch eingesetzt; dies sollte in den Transkriptionskriterien differenziert dargestellt werden.
- Interpunktion: In sprachwissenschaftlich motivierten Editionen wird in der Regel die Interpunktion nicht verändert, auch wenn oder gerade weil die Satz gliedernde Funktion der einzelnen Zeichen (Semikolon, Doppelpunkt, Punkt) noch nicht vollständig beschrieben wurde. In historischen Texten kommen auch Pausenzeichen vor, die heute nicht mehr verwendet werden. In den Transkriptionskriterien wird dargestellt, wie diese in ein modernes Druckbild übersetzt werden.
- Vereinheitlichungen und Eingriffe in den Text: Historische Texte sind häufig durch einen großen Formenreichtum gekennzeichnet (Polymorphie). Einige Editionen nehmen hier Vereinheitlichungen vor. In sprachhistorischen Editionen, wo gerade auch die Variantenvielfalt im Zentrum des Interesses stehen kann, werden aber in der Regel keine Vereinheitlichungen (etwa der Artikelformen) vorgenommen. Alle Eingriffe in den Text, wie Korrekturen offensichtlicher Schreibfehler, werden im Apparat oder im An-

hang dokumentiert. Dies entspringt nicht nur dem allgemeinen wissenschaftlichen Bedürfnis nach Explikation und Dokumentation: Die Einschätzung als «Fehler» muss unter Umständen, wenn weitere Texte dieselbe Eigenart aufweisen, überdacht oder berichtigt werden.

5.5.3   Weitere Bausteine einer wissenschaftlichen Edition

Eine Edition zur Verfügung zu stellen, bedeutet einen Text zu erschließen. Dies beginnt mit einer graphischen Bestandsaufnahme und führt in die Interpretation und Auswertung unter fachlichen Gesichtspunkten ein.

– Textkritischer Apparat: Hier sind genaue Informationen über Varianten der konsultierten Manuskripte verzeichnet. Das Druckbild ist ähnlich wie bei Fußnoten, der textkritische Apparat steht am Fuß der Textseite. Die Schreibweise ist meist sehr knapp, auf Korrekturen, Vergleiche usw. wird mit Hilfe von Abkürzungen hingewiesen.
– Kommentar: Der Kommentar kann ebenfalls am Fuß der Seite stehen oder in einem Anhang. Hier besteht die Möglichkeit, zum Verständnis des Textes wichtige Hintergrundinformationen zu ergänzen oder den Text fachwissenschaftlich einzuordnen.
– Glossar: Dieser Abschnitt enthält Worterklärungen und stellt ein eigenes Kapitel oder einen Anhang in der Edition dar. Ein Glossar ist in der Regel alphabetisch geordnet. Es bezieht sich auf die Vorkommen eines Lexems im edierten Text, das einzelne Stichwort wird auch als *das Lemma*, pl. *die Lemmata*, bezeichnet. Je nach Adressatenkreis werden diese Lemmata historisch (einem breiteren Publikum) erklärt oder (für andere Fachwissenschaftler) lexikographisch diskutiert, unter dem Aspekt, ob es sich möglicherweise um neue Formen und Bedeutungen des Wortes handelt.

5.6   Textdatenbanken und digitale Archive

Für die romanischen Sprachen stehen heute umfangreiche digitale Textsammlungen zur Verfügung. Diese lassen sich danach unterscheiden, ob es sich um neue Editionen handelt, deren Transkriptionskriterien eigens für die Digitalisierung entwickelt wurden, oder um computerlesbare Versionen von Editionen, die zuvor in Buchform erschienen sind. Bei Interneteditionen muss immer geprüft werden, auf welcher Textgrundlage sie basieren, und diese Information muss, wenn die Internetedition zitiert wird, auch bibliographiert werden. Wenn diese Angabe nicht ermittelbar ist, ist die Edition nicht zitierfähig. Historische Datenbanken gibt es mittlerweile nicht nur für die großen romanischen Sprachen. Bekannt sind Frantext für das Französische sowie die Literaturdatenbank des *Opera del vocabolario italiano* (OVI) für das Italienische.

Die Bibliothèque nationale de France (BNF) stellt mit der *Gallica* eine umfangreiche Sammlung von ca. 90 000 Texten im Internet zur Verfügung, allerdings handelt es sich dabei größtenteils nicht um Editionen, sondern um gescannte Originaltexte, die (noch) nicht computerlesbar sind und daher keine korpuslinguistische Erschließung zulassen. Eine wachsende Anzahl von Texten steht auch im *mode texte*, d. h. als Textdokument, zur Verfügung. Allerdings handelt es sich häufig um das Ergebnis einer automatischen Texterkennung (*Optical Character Recognition*, OCR), so dass mit einer hohen Fehlerquote zu rechnen ist.

An Bedeutung gewinnen auch spezialisierte Digitalisierungsprojekte, die z. B. historische Zeitungsarchive zugänglich machen wie die *Biblioteca Virtual de Prensa Histórica* (BVPH). Hier können nicht nur spanischsprachige Medien abgerufen werden, sondern auch Zeitungsbestände der katalanischen, baskischen und galicischen Varietäten.

Arbeitsaufgaben zu Kapitel 5

1. Besuchen Sie die Internetpräsenz der Gallica. Suchen Sie einen Text aus dem 16. Jahrhundert, der in einer von Ihnen studierten Sprache abgefasst ist. Öffnen Sie die Bildansicht (PDF) des gescannten Drucks und machen Sie sich einen Ausdruck. Beginnen Sie nun, einen Abschnitt zu transkribieren. Welche Entscheidungen müssen Sie treffen? Halten Sie alle Beobachtungen schriftlich fest.
2. Wählen Sie ein Werk eines Autors von zentraler Bedeutung für die Geschichte der Sprache, die Sie studieren (Cervantes, Dante, Vaugelas) und recherchieren Sie, welche Editionen in Ihrer Bibliothek verfügbar sind. Prüfen Sie auch, ob im Internet Editionen abrufbar sind. Vergleichen Sie nun die Textversionen des ersten Kapitels. Notieren Sie alle Unterschiede! Welches editorische Konzept liegt den von Ihnen eingesehenen Editionen zu Grunde? Suchen Sie relevante Informationen in der Einleitung.
3. Erstellen Sie eine Liste derjenigen Sonderzeichen, die zum modernen Standard der von Ihnen studierten Sprache gehören, die aber in früheren Sprachstufen möglicherweise noch nicht gebräuchlich waren. Schreiben Sie zu den einzelnen Zeichen, wann sie möglicherweise in Gebrauch kamen. Überprüfen Sie Ihre Vermutungen mit Hilfe einer sprachhistorischen Darstellung der Orthographie (für das Französische: Catach 1968; für das Italienische: Maraschio 1993, für das Spanische: Weißkopf 1994).

6 Benutzung von Korpora und Datenbanken

6.1 Korpus und Korpuslinguistik

Ein Korpus (neutrum; im Plural: die Korpora) ist eine umfangreiche bzw. ausreichend große digitale Sammlung von Texten, die nach sprachwissenschaftlich begründeten Kriterien zusammengestellt werden; diese Kriterien können sich schon in der Namenwahl des Korpus ausdrücken. Durch den Namen eines Korpus wird deutlich gemacht, welchen Anspruch die Textsammlung hat. Der Name *British National Corpus* (BNC 2007) drückt unmissverständlich aus, dass es sich um ein nationales Referenzkorpus handelt, was durch seine Größe gerechtfertigt ist (100 Mio. graphische Wörter[35]). Die Namen von Korpora lassen sich meist zu einprägsamen Akronymen zusammensetzen, wie im Falle der *Corpus de langues parlées en interaction* (CLAPI), eine Plattform, die multimodale Korpora für die Interaktionsanalyse zur Verfügung stellt, die nicht nur akustisch, sondern auch visuell dokumentiert sind.

Die Größe eines Korpus richtet sich nach dem jeweiligen Anspruch auf Repräsentativität. Im Bereich der romanischen Sprachen gibt es zahlreiche Korpora kleiner (>100 000 graphische Wörter) und mittlerer (>1 Mio. graphische Wörter) Größe.

Zusätzlich zu den Textdaten des Korpus stehen Metadaten zur Verfügung (Informationen über den Text). Die Metadaten dokumentieren die Herkunft der Texte eines Korpus. Diese Informationen über (gr. *meta*) das Korpus umfassen die Nennung von Autoren/Sprechern, Angaben zur erfassten Varietät (Sprache/Dialekt), zu Aufnahme- bzw. Erstellungsdatum und -ort, Nennung der Verantwortlichen für die Einarbeitung von Texten in das Korpus. Die Metadaten ermöglichen die Kontextualisierung der Daten und die Auswertung unter unterschiedlichen Gesichtspunkten, z. B. nach Herkunft der Sprecher, nach Textsorte oder Dialekt.

Ein sprachwissenschaftliches Korpus legt eine Textklassifikation zu Grunde, nach der die Einzeltexte kategorisiert werden. Der korpuslinguistische Textbegriff meint im Allgemeinen kohärente Texte, sowohl gesprochen als auch geschrieben, sowohl direkt als auch medial übermittelt. Multimodale Korpora vereinen die Erfassung und Aufbereitung von Schrift bzw. Transkription, Audio und Video. Grammatisch nicht zusammenhängende Texte wie Listen und Register fallen im engeren Sinne nicht unter den korpuslinguistischen Textbegriff. Mit Hilfe einer oft für das jeweilige Korpus entwickelten Textklassifikation werden die vertretenen Texte sprachwissenschaftlich kategorisiert, z. B. in C-ORAL-ROM nach ihrem formellen vs. informellen, öffentlichen vs. privaten Charakter, oder nach dem Diskurstyp, der als dialogisch, monologisch oder konversationell klassifiziert wird.

---

[35] Die Grenze zwischen graphischen Wörtern wird hingegen bei Zwischenräumen und nach einem Apostroph gesetzt, ohne dass z. B. zusammengesetzte Wörter als zusammengehörig erkannt würden. Es handelt sich also nicht um eine linguistische Definition von Wort.

Das Format der Texte ist auf die gewählten Ausgabeprogramme (Editor) und Analyseprogramme abgestimmt. Für Sonderzeichen stehen internationale Standards wie UNICODE zur Verfügung (cf. UCD 2013). Die Textdaten eines Korpus können meist in Editoren zum Lesen ausgegeben werden. Dies kann ggf. in alignierter Form geschehen, also in Form einer Zuordnung: So können zwei Versionen eines Textes (Originalsprache und Übersetzung oder phonetische und orthographische Transkription) aligniert werden, zeilenweise neben- oder untereinander gesetzt werden, oder Ton- und Textdatei werden programmtechnisch verbunden und graphisch aligniert dargestellt. In multimodalen oder multimedialen Korpora kann meist zwischen getrennten oder kombinierten Ausgabefenstern für Text/Transkription, Audio- und Videosignal gewechselt werden.

6.2 Korpuslinguistische Forschungsinteressen

Seitdem umfangreiche Textsammlungen in digitalisierter Form zur Verfügung stehen und Programme entwickelt wurden, die in der Analyse der Texte viele Arbeitsschritte und Handarbeit ersparen, hat sich die Korpuslinguistik (it. *linguistica dei corpora*, frz. *linguistique de corpus*, sp. *lingüística con corpus*) auch in der Romanistik als eigenes Arbeitsgebiet etabliert. Mehrere Darstellungen bieten einen Überblick über die vorhandenen und ggf. online nutzbaren Korpora.[36]

Die Interessen an Sprachkorpora sind vielfältig: Sie reichen von der Objektivierung der introspektiven Urteile von Muttersprachlern über die Möglichkeit, sprachliche Merkmale zählbar zu machen und Sprachregister auf der Basis von Frequenzen unterschiedlicher Merkmale zu beschreiben oder Trainingsmaterialien für die Spracherkennung und -synthese zur Verfügung zu stellen bis hin zu den Zielsetzungen, allgemein zugängliche Referenzkorpora zu schaffen und neue Theorien zu entwickeln.[37] Dabei werden als grundsätzlich unterschiedliche Herangehensweisen der *corpus-based approach* und der *corpus-driven approach* unterschieden.

– Bei der Herangehensweise, die sich als *corpus-based* versteht, werden Korpora als Ressource für authentisches Sprachmaterial genutzt, welches zur Überprüfung und Weiter-

---

[36] Einführung in die französische Korpuslinguistik: Dossier Corpus (1996); Habert / Nazarenko / Salem (1997); Dossier Grands Corpus (1999); Williams (2005); Einführung in die italienische Korpuslinguistik: Chiari (2012); Barbera / Corino / Onesti (2007); Einführung in die portugiesische und spanische Korpuslinguistik: Bilger (1996); germanistisch: Lemnitzer / Zinsmeister (2006); cf. Pusch 2000ss.).
[37] Diese (und andere Grundsätze) formuliert Svartvik (1992: 8–10) als Einleitung zu einem Sammelband, welcher grundsätzliche Positionen und Perspektiven der Korpuslinguistik zusammenstellt. Cf. zum heutigen Stand der Forschung die Beiträge in HSK 29.1.

entwicklung zuvor formulierter sprachwissenschaftlicher Theorien erforderlich ist.[38]
- In einer Methode, die sich als *corpus-driven* versteht, werden neue theoretische Positionen und Fragestellungen aus der im Korpus vorgefundenen Datenlage entwickelt.[39] Für den Terminus hat sich m. W. noch kein treffendes deutsches Äquivalent gefunden.
- Um Verwechslungen zu vermeiden, sollte für einen korpuslinguistischen Zugang, der sich weder als *corpus-based* noch als *corpus-driven* im definierten Sinne versteht, der neutrale Begriff *korpusgestützt* verwendet werden.

Die methodische Arbeit ist bei der Korpuslinguistik von besonderer Bedeutung für die Möglichkeiten und Grenzen der Theoriebildung: Es werden Instrumente (Programme) benötigt, mit deren Hilfe große Textmengen für die sprachwissenschaftliche Analyse erschlossen werden und Strukturen sichtbar werden, die bisher nicht sichtbar gemacht werden konnten. Korpuslinguistik setzt also auch die Entwicklung, Diskussion und Anwendung von Programmen, die der Erschließung großer digitaler Textsammlungen dienen, voraus. Die (Neu-)Formulierung sprachwissenschaftlicher Fragestellungen und die Entwicklung und Anwendung geeigneter Programme zu ihrer Bearbeitung sind eng verknüpft und bedingen einander. Daraus ergibt sich ein Zusammenhang von Korpuslinguistik und Computerlinguistik. Die Computerlinguistik wiederum benötigt Korpora für die Entwicklung und das Training von Analyseprogrammen. Dieses Verhältnis wurde mit einem Wortspiel auch als *circolo virtuoso della linguistica computazionale* bezeichnet. Während mit dem lateinischen Ausdruck CIRCULUS VITIOSUS 'Teufelskreis' gemeint ist, dass aus Schwierigkeiten neue Schwierigkeiten entstehen, meint *circolo virtuoso* eine vorteilhafte Aufwärtsbewegung, da sich theoretische und methodische Fortschritte aus der gegenseitigen Abhängigkeit von Korpus- und Computerlinguistik ergeben können (cf. Chiari 2007: 166ss.).

Korpus bezeichnet in vielen sprachwissenschaftlichen Arbeiten in einem weiteren Sinn die zugrunde liegende Materialbasis, unabhängig davon, wie umfangreich sie ist, ob sie in digitalisierter Form vorliegt, ob es sich um mündliche oder um schriftliche Texte handelt usw. Diese Texte eines Korpus in diesem allgemeinen Sinn müssen nicht unbedingt inhaltlich und grammatisch zusammenhängen, d. h. es kann sich auch um Register, Karten in Sprachatlanten, Kontobücher etc. handeln (in der Namenkunde lassen sich zum Beispiel aus Taufregistern interessante Korpora erstellen).

Mit Korpuserstellung ist dann gemeint, dass zur Beantwortung einer genau formulierten Fragestellung eine Sammlung von Sprachmaterial zusammengestellt wird, die in Umfang und Qualität geeignet ist, das Gewünschte herauszufinden (→ Kap. 3.4.3). Stets sollten Angaben zur Art der Texte, besonders zur Kommunikationssituation, der sie entstammen, gemacht werden. So gibt es einerseits Texte, die natürlichen Kommunikationssituationen

---

[38] Der englische Begriff ist mit dem deutschen Wort *korpusbasiert* nicht treffend wiedergegeben, da dieses auch oft sehr unspezifisch verwendet wird, Storjohann (2005: 41, n. 4).

[39] «In a corpus-driven approach the commitment of the linguist is to the integrity of the data as a whole, and descriptions aim to be comprehensive with respect to corpus evidence» (Tognini-Bonelli 2001: 84).

entstammen. Dazu gehören auch Zeitungstexte, also Texte, die nicht für die Sprachuntersuchung entstanden. Auf der anderen Seite kann das Textmaterial aus einer Sprachaufnahme hervorgegangen sein, in der eine Kommunikationssituation mit dem Sprecher erst hergestellt werden musste. Solche Materialien und Texte werden elizitiert, das bedeutet 'hervorgelockt' genannt.[40] Bei der Beschreibung eines Korpus müssen diese beiden zentralen Fragen geklärt werden, d. h. es muss deutlich werden, ob es sich einerseits um ein Korpus von zusammenhängenden Texten[41] oder von Einzelbelegen handelt und die kommunikativen Bedingungen, unter denen die Texte entstanden, sollten so genau wie möglich beschrieben werden.

Ein sprachwissenschaftliches Korpus ist nicht mit einer Textdatenbank gleichzusetzen, wie sie z. B. im Internet verfügbare Sammlungen digitalisierter Texte darstellen. Zwar gibt es einige Gemeinsamkeiten, z. B. ist in einer zitierfähigen Textdatenbank die Herkunft der Texte bekannt, d. h. die bibliographischen Angaben der gedruckten Edition oder, falls es sich um eine reine Online-Edition handelt, alle nötigen Informationen über die originale Textgrundlage, Identität des Editors und Transkriptionskriterien. Aber es gibt auch zwei wichtige Unterschiede: Erstens folgt die Zusammenstellung der Texte einer Textdatenbank meist dokumentarischen (z. B. literarhistorischen) Interessen und zweitens sind die Texte nicht annotiert, d. h. mit weiteren Informationen angereichert. Diese beiden Unterschiede schließen nicht aus, dass aus einer Textdatenbank ein eigenes Arbeitskorpus erstellt wird. Der Schritt von der Textsammlung zum Korpus besteht dann darin, dass die Auswahlkriterien von Texten, die in das Korpus aufgenommen werden, unter dem Gesichtspunkt ihrer Repräsentativität erläutert und begründet werden und dass die Texte für die geplante Analyse aufbereitet bzw. annotiert werden.

6.3 Datenformat und Annotation

Die Digitalisierung von Texten eröffnet viele Möglichkeiten, den Text zu befragen und aufzubereiten, zum Beispiel durch Frequenzlisten oder Konkordanzen (→ Kap. 6.4). In diesen Fällen reicht der automatische Abgleich von identischen Zeichenfolgen aus. Aber für die Aufbereitung eines transkribierten Textes als Korpus, das für speziellere Fragestellungen geeignet ist, müssen mehr Texteigenschaften für die jeweiligen Programme lesbar gemacht werden als die identischen Buchstabenfolgen. Die Anreicherung des Textes mit untersuchungsrelevanten Informationen, die so genannte Annotation, ist Voraussetzung für die Möglichkeit komplexer Suchabfragen.

Der Zweck der Annotation ist es, für die digitale Suche solche sprachlichen Merkmale auffindbar zu machen, die nur mit Interpretationsleistung herausgefiltert werden können.

---

[40] Cf. zur Begriffsklärung auch Bergenholtz / Mugdan (1989: 141).
[41] Cf. De Beaugrande / Dressler (1981: 3–13) zu den sieben Kriterien von Textualität: Kohäsion, Kohärenz, Intentionalität, Akzeptabilität, Informativität, Situationalität, Intertextualität.

Zum Beispiel kann die automatische Suche zwar alle Formen eines Relativpronomens auffinden, aber dabei kann nicht nach dem jeweiligen Antezedenten unterschieden werden.[42] Diese Interpretationsleistung wird in der Computerlinguistik so weit wie möglich automatisiert und stets wird die Frage gestellt, wie sich das menschliche Sprachverständnis so beschreiben lässt, dass sich eine Regel für das Computerprogramm formulieren lässt. Zwischen der vollständig programmgestützten und der allein auf menschlicher Interpretationsleistung basierenden Annotation gibt es viele Zwischenstufen, z. B. interaktive Programme, die gezielt nach zu bewertenden Ausdrücken suchen und für die Bewertung Alternativen zur Auswahl bieten, die dann direkt in eine korrekt formatierte Annotation umgesetzt werden.[43]

Sprachwissenschaftliche Korpora werden in speziellen Datenformaten verwaltet, welche die Anwendung von Analyseprogrammen erlauben. Nach dem jeweiligen Datenformat richtet sich auch der Standard, der für die Annotation gewählt wird. Üblicherweise werden bei der Annotation so genannte Tags 'Etiketten' verwendet, welche Informationen über Text kodieren; eine systematisch zusammengestellte Serie von Tags wird *Tag-Set* genannt. Für Tag-Sets werden Standards entwickelt, wie sie durch die TEI (*Text Encoding Initiative*) vorgeschlagen werden. Diese Vorschläge verwenden die Auszeichnungssprache XML (*Extensible Markup Language*), eine vereinfachte Variante von SGML (*Standard Generalized Markup Language*). XML ist *extensible*, also 'ausbaufähig', d. h.: es gibt kein festes Inventar von Auszeichnungselementen, sondern diese können nach den jeweiligen Bedürfnissen definiert werden. XML hat, auch darauf beruht die Bezeichnung als Sprache, eine feste Syntax, d. h. es gibt Regeln zur Zusammenstellung und Anordnung der Auszeichnungselemente, der Tags. Beispielsweise wird, wenn ein Textbestandteil durch XML hervorgehoben werden soll (also für die automatische Suche auffindbar wird), je ein Tag vor (öffnendes Tag) und nach (schließendes Tag) diesen Textbestandteil gesetzt. Ein Tag besteht aus spitzen Klammern, im schließenden Tag steht nach der ersten spitzen Klammer ein Schrägstrich. Das folgende Beispiel stammt aus dem Dortmunder Chatkorpus (Beißwenger 2008). Das Textbeispiel wird zwar interpretiert, dadurch aber nicht verändert; die Einschätzung, dass es sich um einen Chat-typischen Ausdruck mit Asterisk handelt, wird getrennt vom sprachlichen Beispiel in den Tags zum Ausdruck gebracht. Im Tag wird eine Information hinzugefügt, die bei der automatischen Suche, z. B. nach «asteriskExpression» auffindbar ist.

<asteriskExpression>
hängematte in baum aufspann und mich reinleg
</asteriskEspression>

---

[42] Wenn im Text bereits die Wortarten kenntlich gemacht wurden (POS, → Kap. 6.4.3), bestehen bessere Möglichkeiten, Regeln zu formulieren, durch welche die automatische Auszeichnung möglich wird. Auf Basis dieser Regeln kann z. B. je nach Art des Antezendens die Annotation programmgestützt oder zumindest halbautomatisch vorgenommen werden.
[43] Stede (2007) zeigt an Hand von Beispielen, welche Werkzeuge für die halbautomatische textlinguistische Korpusanalyse zur Verfügung stehen.

Außerdem erlaubt es die Struktur von XML-Auszeichnungen, Informationen auf unterschiedlichen Ebenen hinzuzufügen. Das ist im folgenden Beispiel der Fall, wo die Metainformationen – in diesem Fall: welche Sprecher sind beteiligt? – in XML-Tags kodiert sind. So wird im Vorspann eines in TRANSCRIBER erstellten Dokuments zuerst die Information kodiert, dass im folgenden Absatz Informationen zu den *speakers* kommen. Dieser Absatz ist durch ein einleitendes und durch ein schließendes Tag gekennzeichnet. Innerhalb des Absatzes wird in einzelnen Zeilen einer Liste präzisiert, welche Sprecher beteiligt sind: Den im XML-Code verwendeten Bezeichnungen *spk1* und *spk2* werden die Namen der Informanten (bezeichnet durch die Initialen *AG* und *TM*) zugeordnet. Außerdem besteht die Möglichkeit, die verwendete Varietät (*dialect*, *accent*) der Sprecher zu benennen.

```
<Speakers>
    <Speaker id="spk1" name="AG" check="no" dialect="native" accent="none" scope="local"/>
    <Speaker id="spk2" name="TM" check="no" dialect="native" accent="none" scope="local"/>
</Speakers>
```

Der Vorteil von Tags nach dem XML-Standard ist, dass sie für die Analyse in unterschiedlichen Programmen ausgewertet werden können. Für die Arbeit mit XML werden spezielle Editoren verwendet, deren Anbieter meist Testversionen zur Verfügung stellen (Oxygen®).

Aber auch mit Texteditoren wie TexPad® können Korpusdateien bearbeitet und verarbeitet werden. Dieser leistungsfähige Editor stellt auch die Möglichkeit zur Verfügung, mit Regulären Ausdrücken zu arbeiten (einen sehr guten Einstieg in diesen Bereich ermöglichen die Erklärungen und Beispiele, die in der Hilfefunktion dieses Editors zur Verfügung gestellt werden). In Regulären Ausdrücken (engl. *regular expressions*) lassen sich komplexe Austauschanweisungen formulieren. Der Vorteil ist, dass eine Vielzahl von Mustern oder «Schablonen» in als Suchausdruck beschrieben werden kann[44]. Auf diese Weise kann «eine Folge von Zahlen», «eine Folge von Großbuchstaben vor Zeilenwechsel» oder die Form eines Datumseintrags in der Suche beschrieben werden, ohne dass bekannt ist, was inhaltlich dort steht.

6.4   Verfahren und Werkzeuge der Korpusanalyse

Die computergestützten Analysemöglichkeiten von Sprachdaten richten sich nach der Qualität dessen, was der Computer lesen kann. Einfach zu bewerkstelligen ist der automatische

---

[44] «Ein *regulärer Ausdruck*, oft auch als *Suchmuster* bezeichnet, ist eine Schablone, die auf einen gegebenen String passt oder nicht passt. Haben wir also eine unendlich große Anzahl von Strings, so teilt das gegebene Muster diese in zwei Gruppen: diejenigen, die passen, und diejenigen, die nicht passen. Ein Muster kann hierbei auf einen möglichen String passen oder auf zwei oder hundert oder sogar auf eine unendliche Anzahl. Oder ein Muster passt auf alle möglichen Strings, *bis auf* einen. Oder auch auf eine unendliche Anzahl» (Schwartz / Phoenix / Lang 2005: 112s.).

Abgleich identischer Zeichenfolgen, die in Listen zusammengeführt werden können. Diese Einheiten werden in der Korpuslinguistik *graphische Wörter* (frz. *mot graphique*, it. *parola grafica*, span. *palabra gráfica*) oder *Wortformen* genannt. Automatisch erstellte Listen von graphischen Wörtern erfassen z. B. keine Fälle von Homonymie, also werden *voler* 'fliegen' und *voler* 'stehlen' als dasselbe graphische Wort gezählt. Dieses graphische Wort wird auch als Token bezeichnet.

Bei der Erfassung der Tokens sollten einige Mindeststandards gewahrt werden, welche eine Textvorbereitung unter dem Stichwort *Tokenizing* beinhalten. Um graphische Wörter abzugrenzen, werden normalerweise Leerzeichen und Apostroph als Trennzeichen verwendet, während Bindestriche als Bestandteile des Wortes gelten. Im Französischen gibt es aber Wörter, bei denen das Apostroph im Wortinnern steht (*aujourd'hui*), und nicht immer steht der Bindestrich innerhalb von lexikalisierten Komposita wie *demi-heure*: Im Imperativ *dis-moi* sind *dis* und *moi* als zwei Tokens zu zählen; solche Fälle müssen beim Tokenizing berücksichtigt werden.

Eine weitergehende wissenschaftliche Fragestellung wird durch das Vorhandensein von mehrgliedrigen Ausdrücken, z. B. it. *di corsa*, aufgeworfen. Die programmgestützte Erfassung solcher syntagmatischer Ausdrücke stellt ein eigenes Arbeitsgebiet der Computerlinguistik dar.

6.4.1   Type-token relation und Hapax legomena

In Frequenzlisten werden die graphischen Wörter bzw. Tokens zusammengefasst und ihr Vorkommen gezählt; die so entstandene Frequenzliste wird entweder so sortiert, dass die vorkommenden graphischen Wörter alphabetisch gelistet sind, oder sie werden nach der Häufigkeit ihres Vorkommens aufgeführt.

Unter Zuhilfenahme von Frequenzlisten kann auch ein Wert errechnet werden, der eine Vorstellung von der Größe des im ausgewählten Text(ausschnitt) verwendeten Wortschatzes gibt, nämlich die *type-token relation* (TTR). Dabei handelt es sich um das Verhältnis von allen im Text vorkommenden unterschiedlichen graphischen Wörtern (Types) und allen im Text vorkommenden Wörtern (Tokens). Im folgenden Sprichwort finden sich 7 Types und 9 Tokens.

(16)   Tout ne se sait pas mais tout se dit.

Natürlich steigt die Zahl der Tokens, je länger der Text wird, stetig an, während auf Grund von Wortwiederholungen die Zahl der unterschiedlichen Wörter (Types) langsamer wächst. Das Verhältnis von Types und Tokens kann als einfaches Maß für die Größe des Wortschatzes betrachtet werden. Dazu wurden unterschiedliche Berechnungsweisen entwickelt, welche auch darstellen, wie sich der Type-Token-Quotient mit wachsender Textlänge verändert. Die Gesetzmäßigkeit und Modellierbarkeit des Verhältnisses von Types und Tokens stellt ein heute geradezu klassisches Arbeitsgebiet der quantitativen Linguistik dar.[45]

Der Type-Token-Quotient ist ein Basis-Maß für dieses Verhältnis. Um Texte unterschiedlicher Länge vergleichbar zu machen, kann entweder ein Ausschnitt immer gleicher Länge, z. B. 400 Tokens,[46] ausgewählt werden, oder man bildet den Mittelwert aus den nacheinander errechneten Type-Token-Quotienten für jeweils 1000 Tokens.[47]

Der Type-Token-Quotient gibt eine Vorstellung davon, wieviele «Wörter» bzw. Tokens sich wiederholen und damit eine erste quantitative Annäherung an die Größe des Wortschatzes im betrachteten Textkorpus. Weitergehend kann gefragt werden, wie sich die Frequenzen von Types und Tokens zueinander verhalten. Wenn z. B. in einem Text(ausschnitt) von 1000 Tokens 250 Types gefunden wurden, ergibt das einen Type-Token-Quotienten von 0.25. Aber dieser Wert sagt nichts darüber aus, wieviele Tokens jedem Type zuzuordnen sind: Unwahrscheinlich ist die Annahme, dass jedem Type gleich viele Tokens zugeordnet werden, dass also alle 250 Types durch je vier Tokens vertreten sind. Meistens gibt es wenige Types, denen ein Großteil der Tokens zuzuordnen ist. Dann nimmt die Zahl der Tokens pro Type langsam ab, bis die Liste in die Aufstellung der Einzelvorkommen mündet, also Types, die durch ein einziges Token vertreten sind. Diese werden mit dem griechischen Begriff *Hapax legomenon* bezeichnet (im Deutschen femininum; Plural: *die Hapax legomena*, 'Einfachvorkommen'). Um diese Verteilung zu beschreiben, werden Frequenzklassen ermittelt (Tab. 1).[48]

Tab. 1: Beispiel einer Frequenzliste mit vier Frequenzklassen

Token	Häufigkeit
il	27
un	27
suis	26
est	24
rêver	1
substitut	1

---

[45] Bekannte Formeln stammen von Pierre Guiraud (1954, *Les caractères statistiques du vocabulaire*. Paris, PUF) und Gustav Herdan (1960, *Type-token mathematics*. The Hague, Mouton). Cf. Baayen (2005) und Wimmer (2005) für eine Darstellung der wichtigsten Probleme und Herangehensweisen.

[46] «The measure is typically based on the first four hundred words of a text [...] Type/token ratio is a direct measure of lexical diversity, a recognized measure of lexical elaboration», Finegan / Biber (2001: 246).

[47] Diese Funktion stellt Scott (2008) in WORDSMITH zur Verfügung.

[48] Cf. Hausser (2000: 321).

Die erste Frequenzklasse kommt zweimal vor [27#2], die zweite und die dritte je einmal [26#1], [24#1] und die vierte, welche die Hapax legomena enthält, zweimal [1#2].

6.4.2 Konkordanzen

Wenn die Verwendung eines Wortes bzw. Lexems im Kontext interessiert, sei es unter Aspekten der lexikalischen Semantik, der Phraseologie oder der Syntax, werden aus einem Korpus alle Stellen zusammengestellt, in denen eine Zeichenkette vorkommt. Die Treffer werden in einer Liste ausgegeben, in welcher jeweils links und rechts von der gesuchten Zeichenkette eine bestimmte Zahl von graphischen Wörtern mit ausgegeben wird (die Zahl dieser Wörter kann meist definiert werden). Eine solche Liste heißt Konkordanz oder abgekürzt – nach der englischen Bezeichnung – KWIC (*Key Word In Context*).

Viele digital verfügbare Korpora stellen eine auf die Inhalte zugeschnittene Analyse-Software zur Verfügung. Dies ist der Fall bei C-ORAL-ROM (Cresti / Moneglia 2005). Allerdings gibt es zwei Versionen dieses Korpus, von denen die eine sehr teuer ist und die andere auch nicht billig. Letztere hat den gravierenden Nachteil, dass die mitgelieferte Software die Konkordanz nach 50 Belegen abbricht.

Wenn selbst zusammengestellte Textsammlungen durchsucht werden sollen, kann auf zahlreiche kommerzielle und nicht-kommerzielle Programme zurückgegriffen werden, welche Einzelanalysen oder ganze Pakete von Analysen ermöglichen. Ein etabliertes kommerzielles Programm ist WORDSMITH,[49] für Frequenzanalysen und die Berechnung des Type-Token-Quotienten gibt es frei erhältliche Programme wie SCP (*Simple Concordance Program*).[50] Dieses Programm hat den Vorteil, auch Alphabete mit diakritischen Zeichen, wie sie in den romanischen Sprachen vorkommen, z. B. ‹ç›, ‹ñ›, verarbeiten zu können. Eine stets aktuelle Informationsquelle zu Programmen der Sprachanalyse ist die Mailingliste CORPORA der LinguistList (2007). Das Archiv der Mailingliste ist online durchsuchbar. Wenn dies nicht weiterhilft, kann die Liste abonniert werden und die entsprechende Frage an die Mitglieder gestellt werden – Antworten werden nicht auf sich warten lassen.

6.4.3 Wortartenerkennung, Lemmatisierung und Parsing

Ein wichtiges Arbeitsgebiet der Computerlinguistik ist die automatische Sprachanalyse. Dazu gehört die Wortartenerkennung (Part-of-Speech-Tagging, POS-Tagging, cf. Schmid 2008). Dabei werden z. B. flektierte Verbformen bestimmt und ihrem jeweiligen Grundwort (Lemma) zugeordnet. Probleme bereiten zweideutige, ambige, Formen wie z. B.

---

[49] Cf. Scott (2008) zum Download und für die weitere Beschreibung.
[50] Cf. Reed (1997–2003) zum Download und für die weitere Beschreibung.

frz. *fait* 'Tatsache' (Substantiv) oder '[er, sie, es] macht' (Verb). In diesem Fall ist davon auszugehen, dass bei der Disambiguierung die Tatsache hilft, dass davor entweder ein Pronomen (*il fait*) oder ein Determinant (*le fait*) steht. Aber nicht immer ist eine solche Vorgehensweise möglich.

Das Prinzip, mit dem Programme zur Wortartenerkennung arbeiten, ist entweder statistisch orientiert, d. h. ein Programm wurde mit manuell korrigierten Daten trainiert, so dass für zahlreiche Fragen Beispiele zur Verfügung stehen. Ein anderer Weg besteht in einer morphologischen Analyse, welche die Baumstruktur nachvollzieht und sich z. B. von der Personalendung zum Basislexem vorarbeitet.

Eine Kombination beider Prinzipien stellt der TREETAGGER dar. Er steht im Internet frei zur Verfügung und ist auf die Verarbeitung auch romanischer Sprachdaten anwendbar.[51] Auch für historische Texte werden Softwareprogramme entwickelt, die eine automatische Wortartenerkennung ermöglichen und auch vielfältige graphische oder dialektale Varianten einem Grundwort (Lemma) zuordnen können.[52]

Die Wortartenerkennung verwendet eine festgelegte Serie von Abkürzungen, das Tag-Set, z. B. im TREETAGGER ABR 'abbreviation, Abkürzung', ADJ 'adjective', ADV 'adverb', VER 'verb' usw. Bei den Verben werden auch morphosyntaktische Angaben hinzugefügt, im folgenden Beispiel «pper» für 'perfect participle'. Nach der Wortartenerkennung erfolgt die Lemmatisierung, d. h. alle flektierten Lexeme – konjugierte Verbformen und deklinierte Adjektive und Substantive – werden auf die Grundform zurückgeführt. Auf diese Weise kann der Wortschatz eines Textes differenzierter erfasst werden, als es auf der Basis von graphischen Wörtern (Tokens) möglich ist (Tab. 2).

Tab. 2: Ausgabe aus TREETAGGER

Token	POS-Tag	Lemma
accompagnée	VER:pper	accompagner
romaines	ADJ	romain

Programme für die syntaktische Analyse werden Parser genannt. Die schrittweise Zerlegung von Sätzen in ihre syntaktischen Bestandteile (Segmentierung) und die Zuweisung zur jeweiligen syntaktischen Kategorie richten sich nach einem grammatischen Modell und dem zugehörigen Formalismus, z. B. der Phrasen-Struktur-Grammatik (Chomsky), der Dependenz-Grammatik (Tesnière) oder der Kasus-Grammatik (Fillmore). Auch hier erfordert die computerlinguistische Aufbereitung der syntaktischen Strukturen eines Textes eingehende Theoriearbeit; umgekehrt bietet das Parsing, also die Arbeit mit authentischen Texten, die Möglichkeit, bestehende Theorien zu erweitern und zu ergänzen.

---

[51] Download und weitere Informationen: TREETAGGER (2008); Stein (2008).
[52] Ein solches Werkzeug ist PHOENIX, cf. Glessgen / Kopp (2005).

6.5 Internetkorpora («Googleology is bad science»)

Das Internet ist im korpuslinguistischen Sinne kein Korpus; es ist aber möglich, aus Internetbelegen ein Korpus zu erstellen. In seinem mit «Googleology is bad science» überschriebenen Aufsatz macht Kilgarriff (2007) polemisch auf den Qualitätsverlust aufmerksam, den unreflektiertes Arbeiten mit Belegen aus dem Netz mit sich bringen kann. Seine Argumente: Suchmaschinen bieten keine Lemmatisierung und kein Part-of-Speech-Tagging, dagegen aber eine beschränkte Suchsyntax. Suchmaschinen beschränken teilweise die Zahl der Abfragen und berücksichtigen die Seiten, aber nicht die Anzahl der Treffer (ib.: 147). Um dieses Problem zu lösen, hat sich in der Arbeit mit Sprachdaten aus dem Internet ein eigener Arbeitsbereich herausgebildet, der seine Aufgabe in der Nutzung des WaC (*Web as Corpus*) sieht.[53] Hier werden Instrumente entwickelt, die einschlägige Internetseiten ausfindig machen (*crawling*) und aus komplexen Internetseiten die reinen sprachlichen Daten extrahieren (*cleaning*). Dabei gilt es, Bannerwerbung, Links, Adressen und Formularfilter herauszufiltern, aber relevante Strukturen wie Absätze und die Absatzformate («Überschrift», «Standard») zu erhalten. In weiteren Schritten wird die morphosyntaktische Annotation vorgenommen und der Text in ein System überführt, welches komplexe Suchabfragen ermöglicht.[54] Ein romanistisches Beispiel eines nach wissenschaftlichen Standards mit der kostenpflichtigen, von Adam Kilgarrif entwickelten Software SKETCH-ENGINE aufbereiteten Web-Corpus ist ItWaC (Baroni et al. 2009).

Leider ist es bisher nur in wenigen Fällen möglich, auf sprachwissenschaftlich konzipierte und aufbereitete romanistische Internetkorpora zuzugreifen. Also müssen für die eigene Fragestellung relevante Materialien zu einem eigenen Korpus zusammengestellt werden. Eine gut formulierte Suchmaschinenabfrage kann erste Aufschlüsse über konkurrierende sprachliche Verwendungsweisen und den Kontext ihres Gebrauchs geben. Wenn z. B. zu Anglizismen im Spanischen gearbeitet wird, kann die Stichwortsuche «estilo cool site:.es» zu einem Blog führen, wo über Musik diskutiert wird und viele Anglizismen verwendet werden.

Für die weitere Materialsammlung nach systematischen Kriterien kann dann die Einschränkung auf dieses Blog vorgenommen werden. Das bedeutet, dass die Beispielsammlung auch im Sinne der Textklassifikation überzeugen kann, da es sich bei den ausgewerteten Blogbeiträgen um eine weitgehend homogene Textsorte handelt, die einem weitgehend homogenen Kommunikationsbereich zugeordnet ist.

Im Internet gibt es viele Kommunikationsbereiche, welche pragmatisch nach Situation und Funktion zu unterscheiden sind. In der Arbeit – im Kapitel zu den methodischen Entscheidungen (→ Kap. 3.4.2) – muss begründet werden, warum die verwendeten Materialien gerade aus Blogs, oder gerade aus Chatrooms, gerade aus Online-Zeitungen o. ä. stammen bzw. warum Beispiele aus unterschiedlichen Kommunikationsbereichen verglichen werden.

---
[53] Eine Einführung in Probleme und Aufgaben ist Kilgarriff / Grefenstette (2003).
[54] Cf. den zitierten Aufsatz von Kilgarriff (2007) als kurze Einführung in die WaC-Forschung.

6.6 Quantitative Auswertung

Unter dem Stichwort der quantitativen Auswertung werden Möglichkeiten vorgestellt, zahlenmäßig erfassbare Sprachdaten auszuwerten. Dies kann in der tabellarischen Darstellung der absoluten Merkmalsausprägungen geschehen oder in einer Übersicht zur prozentualen Verteilung der Werte. Beides sind angemessene Verfahren, wenn es sich um kleinere Datenmengen handelt und die Zahl der betrachteten Phänomene überschaubar ist. Bei größeren Datenmengen und einer höheren Anzahl der untersuchten Merkmale bietet es sich an, auf weiterführende statistische Methoden zurückzugreifen. Mit statistischen Methoden können auch in der Sprachwissenschaft Zusammenhänge herausgearbeitet werden, die mit bloßem Auge nicht zu erkennen sind, besonders, wenn größere Mengen an Sprach- und Sprecherdaten erhoben wurden. Die gewählte Methode soll zu plausibel interpretierbaren Ergebnissen führen. Durch rechnerische Verfahren wird die Urteilsfähigkeit der Autoren also keinesfalls ersetzt, sie wird nur auf andere Weise gefordert. Als Vorbereitung einer statistischen Auswertung ist es stets angemessen, unterschiedliche Methoden zu verwenden. Bei der Interpretation der Ergebnisse zeigt sich dann, in welchem Umfang die jeweilige Methode geeignet ist, eine Antwort auf die jeweils gestellten Fragen zu formulieren; ggf. muss die Methode geändert oder gewechselt werden.

6.6.1 Sprachdaten

Sprachliche Phänomene als Daten zu betrachten, setzt sowohl Abstraktions- als auch Deutungsprozesse voraus.[55] Ein sprachliches *Datum* wird genau genommen nicht, wie es die Übersetzung des lateinischen Ausdrucks nahe legt, 'gegeben', sondern gemacht: Bereits bei der Video- oder Tonaufnahme wird ein Ausschnitt gewählt, bereits bei der Verschriftung von Ton oder bei der Transformation eines schriftlich überlieferten Textes in eine computerlesbare Version werden Entscheidungen getroffen, um den Zwecken der Untersuchung am besten zu nützen. Diese Entscheidungen begrenzen aber auch die Interpretierbarkeit des *Datums*, welches durch fortschreitende Überarbeitung von den Primär- oder Rohdaten (z. B. Sprachaufnahmen) über die Verschriftung bis hin zur Erstellung eines wissenschaftlich annotierten Korpus zu einem *Factum* der Forschung wird. Je genauer also die Methode der Datenerhebung, -erschließung und -analyse reflektiert wird, desto klarer tritt hervor, welche Reichweite rechnerisch ermittelte Ergebnisse haben. Die Quantifizierbarkeit sprachlicher Daten setzt eine Analysearbeit voraus, welche an dieser Stelle nicht allgemeingültig dargestellt werden kann. Aber es wurde bereits darauf hingewiesen, dass selbst ein einfaches Verfahren wie die Ermittlung von graphischen Wörtern / Tokens einzelsprachlich gültige Prinzipien der graphischen Darstellung eines *Wortes* berücksichtigen muss, wo z. B.

---

[55] «The identification of even the most elementary linguistic datum [...] presupposes an abstraction and a semiotic operation» (Lehmann 2004: 183).

im Französischen Apostroph und Bindestriche zur Trennung graphischer Wörter interpretiert werden können und wo nicht. In allen Bereichen, in denen sprachliche Einheiten quantifiziert werden, muss in einem ersten Schritt die Möglichkeit ausgelotet werden, theoretisch begründet überhaupt von Einheiten zu sprechen. Danach beginnt die – idealerweise programmgestützte – Erfassung dieser Einheiten, z. B. durch Annotation. Annotierte sprachliche Phänomene können dann schließlich – programmgestützt – gezählt werden.

6.6.2   Statistikprogramme

Bei vielen sprachlichen Analysen ist die Zahl der erforderlichen Rechenoperationen überschaubar. Ein breit verfügbares Programm zum Rechnen und zur Erstellung von Graphiken ist das Tabellenkalkulationsprogramm EXCEL®. In Anbetracht der Bekanntheit dieses kommerziellen Programms gibt es dazu anschauliche Einführungen, die auf den Umgang mit Sprachdaten zugeschnitten sind.[56] Bei größeren Datenmengen und anspruchsvolleren Operationen wird auf Statistikprogramme wie die kommerziellen Pakete SPSS® (*Statistical Product and Service Solutions*) oder STATISTICA® zurückgegriffen. Viele Universitäten schaffen Campuslizenzen dieser Programme an und bieten Einführungskurse an.

Ein frei verfügbares, community-basiertes open-source Statistikprogramm ist das nur mit einem Buchstaben benannte Programm R (R 2008). Dieses Programm wird nicht über Menüs bedient, sondern über Kommandos. Dies erfordert möglicherweise eine Zeit der Eingewöhnung, die wichtigen Befehle sind aber schnell zu lernen und eröffnen die Möglichkeit übersichtlicher und flexibler Rechenarbeit. Wie bei den anderen genannten Rechenprogrammen auch können zuvor aufbereitete Messdaten über txt-Dateien eingelesen werden. R ist auch in der Sprachwissenschaft ein wichtiges Programm der statistischen Analyse (z. B. in der Korpusanalyse) geworden. Es kann unmittelbar (nach Gratis-Download) eingesetzt werden. Im Internet finden sich zahlreiche Anleitungen und Hilfestellungen, welche die Grundfunktionen des Programms sowie spezielle Anwendungsbereiche erklären. Auch gibt es Einführungswerke, die sich an Sprachwissenschaftler wenden (Gries 2008).

6.6.3   Quantitative Auswertung

Am Anfang der quantitativen Analyse steht die genaue Kenntnis von der Beschaffenheit der quantitativen Daten. Auch Sprachdaten können vier grundsätzlich unterschiedlichen Skalen zugeordnet werden.[57]

---

[56] Albert / Koster (2002); Juska Bacher (2006).
[57] Cf. für eine ausführliche Diskussion und Darstellung Backhaus / Erichson / Plinke / Weiber (2006: 6s.); Sachs / Hedderich (2006: 18).

Nicht-metrische bzw. kategoriale Skalen

- Nominalskala: Dabei handelt es sich um Objekte, die untereinander gleich oder ungleich sind und die unterschiedlichen Benennungen zugeordnet werden können, ohne dass aber eine hierarchische Abfolge besteht. Beispiele für nominalskalierte Daten sind «Mann» – «Frau» oder «L1 deutsch» – «L1 spanisch» – «L1 englisch». Für bestimmte rechnerische Verfahren kann es sich aber empfehlen, auch nominalskalierte Daten mit Zahlencodes zu verschlüsseln; dadurch entstehen «Dummy-Variablen», die u. U. verfeinerte Analysetechniken ermöglichen. Solche Zahlencodes dürfen aber nicht wie ordinalskalierte Daten behandelt werden.
- Ordinalskala: Daten dieser Skala können in eine Ordnung gebracht werden. Zum Beispiel wird häufig bei Spracherhebungen gefragt, welcher Schulabschluss erworben wurde; die Schulabschlüsse können – auch durch die Zuweisung von Zahlenwerten – in eine Rangordnung gebracht werden, ebenso die Sprachkompetenz von «Grundkenntnisse» über «sicher» bis «muttersprachlich».

Metrische Skalen

- Intervallskala: Diese Skala wird verwendet, wenn die Abstände der Einzelwerte konstant sind, aber kein echter Nullpunkt vorliegt. Zum Beispiel werden die Geburtsjahre von Informanten in einer Intervallskala erfasst. Dies erlaubt es, den Unterschied in Lebensjahren auf Basis der Differenz auszurechnen.
- Verhältnisskala (auch: Ratioskala): Bei einer Verhältnisskala liegt ein echter Nullpunkt vor. Dies erlaubt es, nicht nur die Differenzen der einzelnen Merkmalsausprägungen auszurechnen, sondern auch Multiplikationen auszuführen. Dies ist der Fall, wenn zum Beispiel das Alter der Informanten nicht in Geburts- sondern in Lebensjahren angegeben wird. Frequenzen sprachlicher Merkmalsausprägungen, die auf einer Verhältnisskala liegen, können in Prozentangaben ausgedrückt werden.

6.6.4 Deskriptive Statistik

Um sich einen ersten Überblick über die Ergebnisse einer quantitativen Analyse zu verschaffen, empfiehlt sich eine graphische Darstellung (→ Kap. 3.6.3), z. B. in Form eines Säulendiagramms (Histogramm), eines Kreisdiagramms, einer Tabelle oder eines Graphen (Plots). Eine wichtige Voraussetzung für einige statistische Verfahren ist, dass die Daten von ihrer Verteilung her dem Modell der Normalverteilung entsprechen. Dieses Modell sieht so aus, dass es einen stark ausgeprägten zentralen Bereich und schwächer vertretene Randbereiche gibt (Glockenform). Dies ist aber häufig bei sprachlichen Daten nicht der Fall.[58] Weiterhin kann der Mittelwert einer Messreihe interessant sein. Damit ist

---

[58] Dunning (1993) diskutiert geeignete und nicht geeignete Verfahren am Beispiel lexikalischer Frequenzen.

entweder das arithmetische Mittel (engl. *mean*) gemeint, d. h. die Summe aller Einzelwerte dividiert durch die Anzahl aller Einzelwerte. Ergänzt wird der arithmetische Mittelwert durch den Median. Der Median ergibt sich aus den geordneten Daten («Ordnungsstatistik»). Wenn die Häufigkeit eines Merkmals bei sieben Informanten gemessen wurde, und die Messreihe ist 7 8 9 10 14 19 2, dann ist der arithmetische Mittelwert 69/7=9,86 und der Median der geordneten Reihe (2 7 8 9 10 14 19) ist 9. Um zu verstehen, wie weit die Einzelwerte gestreut sind, wird die Standardabweichung errechnet. Diese stellt die Wurzel aus dem Quadrat der Differenz der Einzelwerte zum arithmetischen Mittelwert dar. Im genannten Beispiel liegt die Standardabweichung bei 5,4.

6.6.5 Inferenzstatistik

Ein klassisches Verfahren der Soziolinguistik in der Tradition des amerikanischen Linguisten William Labov ist die Frage, welche innersprachlichen Variablen mit welchen außersprachlichen Variablen korrelieren. Kennzeichnend für eine Variable ist, dass ihr unterschiedliche Varianten zugeordnet werden können, die untereinander austauschbar sind:[59] für frz. *quatre* gibt es die Aussprachevarianten [kat], [katʀ] und [katʀ↔]. Solche Varianten werden kontextbezogen ermittelt und gezählt; dann wird die Frage gestellt, welches Muster die Verteilung der Variablen aufweist.

> We may define a *sociolinguistic variable* as one which is correlated with some non-linguistic variable of the social context: of the speaker, the addressee, the audience, the setting, etc. Some linguistic features (which we will call *indicators*) show a regular distribution over socio-economic, ethnic, or age groups, but are used by each individual in more or less the same way in any context. If the social contexts concerned can be ordered in some kind of hierarchy (like socio-economic or age groups), these indicators can be said to be *stratified*. More highly developed socio-linguistic variables (which we will call *markers*) not only show social distribution, but also stylistic differentiation. As noted earlier, stylistic context can be ordered along a single dimension according to the amount of attention paid to speech, so that we have *stylistic* as well as *social stratification* (Labov 1972: 188).

Dies kann durch die Feststellung von Korrelationen geschehen. Korrelation meint, dass zwischen der Häufigkeit einer Variante und der Zugehörigkeit der jeweiligen Sprecher zu einer Alters- oder Sozialklasse ein rechnerisch quantifizierbares Verhältnis der Art «je mehr, desto mehr» oder «je mehr, desto weniger» vorliegt. Dieses Verhältnis gibt aber keinen Aufschluss über ursächliche Zusammenhänge. Je nach der Beschaffenheit der Daten wird die Korrelation nach Pearson (Produktmomentkorrelationskoeffizient) oder nach Spearman (Rangkorrelationskoeffizient) errechnet. Die Pearson-Korrelation ist nur für

---

[59] «La variable, c'est toute unité linguistique abstraite identifiée par des caractéristiques précises et représentée dans le langage réel par deux ou plusieurs formes différentes ou variantes substituables dans les mêmes contextes linguistiques et situationnels. Pour que des formes soient substituables, il faut qu'elles soient équivalentes» (Thibault 1979: 3).

metrisch skalierte Daten sinnvoll, welche annähernd normalverteilt sind, der Datensatz sollte zudem nicht zu klein sein (besonders, wenn man einen Test macht). Der Rangkorrelationskoeffizient kann auch für ordinalskalierte Daten benutzt werden.

6.6.6 Multivariate Verfahren

In jüngerer Zeit gewinnen multivariate Analysemethoden an Bedeutung, welche das Zusammenspiel mehrerer Variablen prüfen oder herausarbeiten. Wenn bereits eine Vorstellung darüber existiert, welcher Zusammenhang zwischen zwei Variablen (z. B. der Bevorzugung einer sprachlichen Variante und der regionalen Herkunft) besteht, können die Variablen in abhängige und unabhängige Variablen unterteilt werden, d. h. in Variablen, die etwas bewirken und in Variablen, die durch andere beeinflusst werden. Diese Unterteilung richtet sich nach der Fragestellung; es liegt nicht in der Natur der Daten, welche Variablen als «abhängig» oder «unabhängig» betrachtet werden. Wenn diese Unterscheidung von vornherein möglich ist, werden «Strukturen-prüfende Verfahren» angewendet.

– Regressionsanalyse: Dabei werden die Zusammenhänge zwischen Variablen mit metrischem Skalenniveau beschrieben und erklärt, auch Prognosen werden dadurch möglich.
– Varianzanalyse: Dabei wird die Einwirkung unabhängiger (nominalskalierter) auf abhängige (metrisch skalierte) Variablen untersucht, z. B. bei Experimenten.
– Diskriminanzanalyse: Mit diesem Verfahren können Gruppenunterschiede ermittelt werden. Die abhängige Variable ist nominalskaliert und die unabhängige Variable ist metrisch skaliert: Wenn die Häufigkeit eines sprachlichen Merkmals bekannt ist (metrische, unabhängige Variable), kann z. B. gefragt werden, welche sozialen Merkmale die Personen auszeichnen, die ähnliche Frequenzen aufweisen.

«Strukturen-entdeckende» Verfahren hingegen werden angewendet, wenn keine *a priori*-Annahme gemacht werden soll.[60]

– Faktorenanalyse: Bei der Faktorenanalyse wird herausgearbeitet, welche der möglicherweise zahlreichen in Frage kommenden Faktoren, die bei einer Erhebung erfasst wurden, besonders wichtig für die Ergebnisse sind, dadurch wird die Bündelung der Variablen möglich.
– Clusteranalyse: Mit diesem Verfahren können Objekte bzw. – in der Sprachwissenschaft wichtiger – Personen in Gruppen zusammengefasst werden, ohne dass von vornherein festgelegt wird, welche der zur Verfügung stehenden Variablen den Ausschlag geben sollen.[61] Dieses Verfahren kann in der Soziolinguistik angewendet werden: Auf

---

[60] Die Systematik orientiert sich an Backhaus / Erichson / Plinke / Weiber (2006: 8ss.).
[61] «A central advantage of multivariate clustering methods is that no *a priori*-hypothesis regarding the existence of sociolinguistic groups is needed; groups are established purely on the basis of linguistic similarities of speakers. This approach differs from the classical labovian tradition

diese Weise ist es möglich, die außersprachlichen Variablen nicht in die Berechnung einzubeziehen, sondern erst bei der Interpretation der Daten zu fragen, welche Erklärungsmöglichkeiten es für die Ähnlichkeit der Angehörigen eines Clusters gibt.[62] Dabei kann auch das Verfahren der Diskriminanzanalyse zur Anwendung kommen (s. o.).

– Multidimensionale Skalierung (MDS): Ähnlich wie bei der Clusteranalyse (und der Faktorenanalyse) können mit diesem Verfahren große, mehrdimensionale Datenmengen durch eine Reduktion auf die wichtigsten Dimensionen erschlossen werden. Die MDS kommt z. B. zur Anwendung, wenn aus unterschiedlichen Dimensionen, die die Wahrnehmung eines Objektes beeinflussen, die wichtigsten herausgestellt werden sollen und wenn keine ausgeprägten Vorannahmen über die wichtigsten Dimensionen der Daten bestehen.[63] Dabei wird die Positionierung der Objekte in einem auf wenige Dimensionen reduzierten Wahrnehmungsraum graphisch dargestellt.[64] Die Voraussetzung ist auch hier, dass die erhobenen Daten quantifizierbar sind und dass eine Distanzmatrix erstellt werden kann.

Arbeitsaufgaben zu Kapitel 6

1. Suchen Sie ein online zugängliches Korpus der studierten Sprache oder besuchen Sie die Seite von CLAPI für das Französische, BADIP für das Italienische und CREA für das Spanische (diese Siglen werden im Literaturverzeichnis aufgelöst). Sammeln Sie auf der Homepage des jeweiligen Korpus Informationen und berücksichtigen Sie dabei die folgenden Fragen:
2. Was sagt der Name über den wissenschaftlichen Anspruch des Korpus aus?
3. Welche Texte sind in diesem Korpus enthalten?
4. Nach welchen Kriterien werden diese Texte klassifiziert?
5. Was ist über die sprachwissenschaftliche Aufbereitung und Annotation der Texte zu erfahren?
6. Welche sprachwissenschaftlichen Fragestellungen können auf Basis dieses Korpus beantwortet werden? Suchen Sie in Bibliographien nach einschlägigen Veröffentlichungen.

---

where the population is divided according to pre-established socio-economic categories, and it is taken for granted that these social groups share a common linguistic behaviour» (Deumert 2004: 130). Diese Studie bietet einen guten Überblick mit Diskussion einzelner Methoden.
[62] Eine solche Diskussion findet sich in Lenz (2006).
[63] Cf. Backhaus / Erichson / Plinke / Weiber (2006: 13).
[64] In Wheeler (2005) finden sich graphische Beispiele.

7 Sprachaufnahmen

Jede Sprachaufnahme hat das Ziel, bei der Beantwortung einer zuvor bestimmten Fragestellung zu helfen. Aus der offenen Menge möglicher Fragestellungen ergibt sich eine offene Menge möglicher methodischer Zugänge.

Wenn z. B. die Realisierung der Liaison im Französischen untersucht wird, muss zuvor festgelegt werden, wie viele und welche Sprecher (Alter, Geschlecht, soziale Kategorien) in die Untersuchung einbezogen werden, ob sie frei sprechen sollen oder vorbereitete Texte bzw. Listen vorlesen, welche Arten der Liaison (z. B. obligatorisch oder fakultativ) untersucht wird usw.

Im Folgenden können daher nur Anregungen gegeben werden, welche Fragen bei der Planung, Durchführung und Auswertung von Sprachaufnahmen bedacht werden müssen. Wie auch immer die Methode gewählt wird, für alle empirischen Arbeiten gilt: Sämtliche Entscheidungen, die in den verschiedenen Phasen einer Sprachaufnahme getroffen werden, sollten in der abschließenden Darstellung erläutert und begründet werden. Denn ohne Transparenz bezüglich der Entstehungsbedingungen von sprachlichen Beispielen sind diese nicht zufrieden stellend zu interpretieren. Mit anderen Worten (Tagliamonte 2006: 33):

«Whatever strategy you use, make it defensible, logical and workable».

7.1 Planungsfragen

7.1.1 Art der Sprachaufnahme

Spätestens in der Vorbereitungsphase sollte sich die Fragestellung genau formulieren lassen, damit ein guter Weg eingeschlagen und das geeignete Verfahren ausgewählt werden kann. Wenn eine quantitative empirische Untersuchung geplant wird, die eine Vermutung bestätigen oder widerlegen soll, muss diese Vermutung bzw. Hypothese genau formuliert werden und es muss geprüft werden, welche Art von Ergebnissen diese falsifizieren oder verifizieren könnte,[65] oder es wird formuliert, welche Art von signifikanten oder nicht-signifikanten Ergebnissen zu erwarten ist. Es sollte bereits eine Annäherung an die Frage erfolgt sein, welche sprachlichen Phänomene im (soziolinguistischen) Sinne von Varianten einer Variablen zugeordnet bzw., allgemeiner formuliert, welche Phänomene auf welche Weise quantifiziert werden können. Damit ist die Operationalisierung und die Auswahl der Indikatoren angesprochen (→ Kap. 3.4.4).

---

[65] Für Untersuchungen, in denen die Quantifizierung von Daten gefragt ist, stellt Albert / Koster (2002) eine gute Einführung dar.

Wenn eine qualitative Untersuchung geplant wird, sollte das Umfeld bereits gut bekannt sein, damit typische Fälle ausgewählt werden können. Das Beobachtungsraster wird meist während der Beobachtung erarbeitet oder verfeinert.[66] Auch wenn Sprachaufnahmen immer einen Mehrwert haben, d. h. nicht nur für die ursprünglich vorgenommene Fragestellung ausgewertet werden können, sondern auch später entstandene Interessen befriedigen können, hat diese Möglichkeit, das Untersuchungsinteresse auszuweiten, immer ihre Grenzen. Sprachaufnahmen sind nicht objektiv und nur in genau dem Rahmen aussagekräftig, in dem gezeigt werden kann, dass die gewählte Methode dem Untersuchungsgegenstand angemessen ist. Am besten helfen bei der Planung einer Sprachaufnahme gute Vorbilder. Wieder kommt es also darauf an, zu bibliographieren und die einschlägige Sekundärliteratur auszuwerten.

Es lassen sich einige häufige Typen von Sprachaufnahmen unterscheiden, die auch miteinander kombiniert werden können. Eine grundlegende Unterscheidung ist die von elizitierten Daten (→ Kap. 6.2), die in einem zuvor geplanten und für die Gesprächsteilnehmer u. U. neuen Setting entstanden, einerseits, und andererseits Daten, die in einer für die Gesprächsteilnehmer alltäglichen Situation entstanden, z. B. durch verdeckte Aufnahmen.

Es muss jeweils abgewogen werden, ob die gewohnte Umgebung der Sprachaufnahme förderlich ist, auch wenn ggf. mit Nebengeräuschen zu rechnen ist, oder ob z. B. erhöhte Ansprüche an die akustische Qualität gestellt werden, wenn Sprachaufnahmen phonetisch untersucht werden sollen.

Die ersten beiden Methoden sind im Allgemeinen Ausgangspunkt für qualitative Analysen, es können aber auch Daten für die quantitative Analyse gewonnen werden. Umgekehrt kann ein soziolinguistisches Interview auch unter dem Aspekt der Interaktion der Beteiligten in qualitativer Perspektive gedeutet werden.

- Teilnehmende Beobachtung: Die Untersuchung erfolgt nicht punktuell, sondern über einen längeren Zeitraum hinweg, in welchem die Forscher sich nach Möglichkeit in das zu untersuchende Milieu integrieren. In der Soziolinguistik wurde die teilnehmende Beobachtung systematisch im Mannheimer Stadtsprachen-Projekt angewandt.[67]
- Verdeckte Aufnahme: In der konversationsanalytischen Forschung steht die Frage nach der Interaktion der Gesprächspartner im Mittelpunkt.[68] Dabei wird darauf Wert gelegt, dass die verwendeten Sprachmaterialien authentisch sind, dass also Gespräche aufgenommen werden, die zum Alltag der Gesprächsteilnehmer gehören. Um authentische Aufnahmen zu erhalten, können Vereinbarungen getroffen werden, welche gleichzeitig ethisch vertretbare Erhebungsverfahren und praktisch verwertbare Aufnahmen ermöglichen. Typische Kommunikationssituationen, welche sich für derartige Sprachaufnah-

---

[66] Zur Gegenüberstellung quantitativer und qualitativer Verfahren in der Soziolinguistik cf. Kallmeyer (2005) und Rietveld / van Hout (2005).
[67] Schlieben-Lange (1991: 121).
[68] Dabei kommen Methoden zum Einsatz, die in der Ethnomethodologie entwickelt wurden. Cf. Gülich / Mondada (2008: 27).

men eignen, sind Gespräche in Behörden oder Ausschnitte aus der Arzt-Patienten-Kommunikation.
- Interview: Das soziolinguistische Interview ist seit den 1960er Jahren üblich und wurde besonders im Kontext der Variationslinguistik amerikanischer Prägung entwickelt. Der Zielsetzung, eine nähesprachliche Situation herzustellen, steht das von Labov formulierte Beobachterparadox im Wege:[69] Interessant sind die unbeobachteten Sprechweisen, die aber nur durch Beobachtung ermittelt werden können. Um dieses Problem zu überwinden, hilft eine geeignete Themenwahl und Gesprächshaltung des Explorators (der das Interview führt), um die Gesprächspartner dazu zu bringen, den eigenen Sprachgebrauch nicht zu kontrollieren und eine für ihn natürliche Gesprächshaltung einzunehmen.[70]
- Fragebögen: Um die Bekanntheit von Wortlisten und Bedeutungen abzufragen, dialektale Varianten eines standardsprachlichen Ausdrucks zu erfahren, soziolinguistisch relevante Daten zu erheben (Sprachgebrauch, Verwendungskontexte) oder Einschätzungen zur Verwendung von Ausdrücken zu erhalten, kommen Fragebögen zum Einsatz. Diese können direktiv, nicht-direktiv oder interaktionsbasiert sein. Bei den direktiven Fragebögen wird zudem zwischen offenen und geschlossenen Fragen unterschieden, je nachdem, inwieweit sie inhaltliche Grenzen der Antwort bereits vorgeben.[71] Fragebogenerhebungen können schriftlich erfolgen, Fragebögen können aber auch mündlich zum Einsatz kommen.[72]
- Aufgabenstellungen: Statt Fragebögen oder zusätzlich zu Interviews und / oder Fragebögen können Aufgaben und Tests vorbereitet werden, welche z. B. über Bilder dazu auffordern, dargestellte Sachverhalte zu beschreiben oder zu erzählen bzw. abgebildete Gegenstände zu benennen.[73] Auch kurze Texte (z. B. Textvignetten) können vorgelesen werden, damit sie anschließend nacherzählt werden können. Das Nacherzählen von Bildgeschichten ist besonders geeignet für Sprachaufnahmen mit Kindern. Eine klassische Bildgeschichte, die hierbei oft zum Einsatz kam und daher gute Vergleichsmöglichkeiten der Ergebnisse bietet, ist *Frog, where are you?*[74]. Bei den genannten Verfah-

---

[69] «We are then left with the *observer's paradox*: the aim of linguistic research in the community must be to find out how people talk when they are not being systematically observed; yet we can only obtain this data by systematic observation» (Labov 1972: 181).

[70] Tagliamonte (2006) gibt viele anschauliche Beispiele für die Auswahl geeigneter Fragen und die Herstellung einer angemessenen Interviewsituation. Geeignete Fragen und ein gutes Verhältnis zwischen Explorator und Informant sind auch bei dialektologischen Fragestellungen ausschlaggebend. Cf. Bernhard (1998).

[71] Grundsätzliche Überlegungen zur Unterscheidung dieser Typen stellt Bres (1999) an.

[72] Z. B. durch die Verwendung von Html können Fragebögen programmgestützt erzeugt, ausgefüllt und ausgewertet werden. Hierfür stehen im Internet Werkzeuge zur Verfügung, welche die Erstellung von Formularen erleichtern.

[73] Für Beispiele cf. u. a. Sinner (2004) und Taddei Gheiler (2005).

[74] Abgedruckt findet sich diese Geschichte in Mayer (1980). Weitere Bildgeschichten finden sich z. B. in Lassert (1982)

ren ist es sehr wichtig, die Aufgabenstellung genau zu formulieren und nicht zu verändern.
- Experiment: Wenn die Umgebungsbedingungen genau kontrolliert werden sollen, stellt das Experiment eine Möglichkeit dar, einen Versuchsaufbau genau zu planen und damit detailliert zu beschreiben. Auf diese Weise können wenn-dann-Beziehungen beschrieben werden.[75] Unterschiedliche Experimente wurden entwickelt, um *language attitudes* zu ermitteln, also die Einstellung von Muttersprachlern ihre Sprache bzw. die Varietäten ihrer Sprache betreffend.[76] Für die kontrollierte Produktion von Sprache werden in Experimenten Stimuli verwendet, also Reize, die unterschiedliche Reaktionen hervorrufen können.[77]
- Experimente zur Grammatikalitätsbeurteilung: Besonders in der Syntaxtheorie sind sogenannte introspektive Methoden gefragt, um die Grammatikalität bzw. Wohlgeformtheit (*well-formedness*) von Ausdrücken zu beurteilen (*judgement*). Wenn der Linguist auch Muttersprachler ist, kann er dabei auf seine eigene Intuition zurückgreifen; weiterhin sind Muttersprachler (*native speakers*) gefragt. Da es hier um das Sprachgefühl der Sprecher geht, ist Subjektivität sozusagen die Grundlage dieser Methode; durch geeignete Erhebungsmethoden können aber auch Grammatikalitätsurteile als Daten erhoben werden, die verlässlich, objektivierbar und quantifizierbar sind.[78]

7.1.2 Dokumentation: Ton und / oder Bild

Aus der Fragestellung ergibt sich, in welcher Weise das Geschehen der Sprachaufnahme dokumentiert wird; teilweise entstehen schriftliche Texte, viele Situationen sollten akustisch oder audio-visuell festgehalten werden. Wenn die Untersuchung nicht ausdrücklich Gestik und die körperliche Interaktion einbezieht, lohnt es sich eher, in eine gute akustische Aufnahmequalität zu investieren. Denn meistens sind die zur Verfügung stehenden materiellen Ressourcen begrenzt. Außerdem verlangt eine aussagekräftige Aufnahme von Ton und Bild nach einer guten Ausleuchtung, und meist sind unterschiedliche Kameraperspektiven erforderlich. Diese Vorbereitungen erschweren die Herstellung einer beiderseits unbefangenen Gesprächssituation, wie sie mit der dezenten Platzierung eines Mikrophons auf dem Tisch in den meisten Fällen nach 10–15 Minuten erreicht ist. Es ist selbstverständlich,

---

[75] So kann die Wirkung einer unabhängigen Variablen, die variiert werden kann, auf die abhängige Variable getestet werden, cf. Albert / Koster (2002: 50s.).
[76] Eine auch methodische Einführung gibt Preston (2004).
[77] So z. B. für die Intonation, cf. Gabriel (2007).
[78] Damit werden experimentell erhobene Urteile auch wiederholbar (replizierbar). Dies setzt eine ausreichend große Zahl von Informanten sowie von abgefragten Lexikalisierungen voraus. Außerdem müssen die Urteile in numerischer Form erfasst werden und generell der Kontrolle des experimentellen Settings unterliegen; Featherston (2006: 4); cf. Schütze (1996) für grundlegende Überlegungen zu *grammaticality judgements*.

aber weil Pannen immer wieder vorkommen, soll es doch nicht unerwähnt bleiben: Der Umgang mit den eingesetzten Geräten darf nicht während der Sprachaufnahme eingeübt werden. Die Geräte und ihre Bestandteile sollten sehr gut bekannt sein, nicht nur die Modalitäten von Inbetriebnahme und Speicherung, sondern auch die Komponenten der Stromversorgung (Akku, Batterie, Kabel) sollten vertraut sein. Außerdem sollte geprobt werden, wie mit größtmöglicher Diskretion getestet werden kann, ob während der Begegnung aufgezeichnet wird und ob anschließend die Aufzeichnung vollständig gespeichert zur Verfügung steht. Bei der Wahl geeigneter Geräte ist nicht nur auf die Wahl des Aufnahmegeräts zu achten, sondern auch auf ein gutes Mikrophon und auf eine gute Verbindung zwischen beiden, welche z. B. nicht durch einen Mikrophonverstärker unnötig verzerrt werden sollte. Aktualisierte Informationen über geeignete Aufnahmegeräte (z. B. Flash-Recorder) sind auf den Webseiten des *Gesprächsanalytischen Informationssystems* des Instituts für deutsche Sprache Mannheim erhältlich (GAIS 2013).

7.1.3 Pré-Enquête

In der Planungsphase werden Materialien erarbeitet, die in der Sprachaufnahme zum Einsatz kommen sollen. Es empfiehlt sich, dieses Material (Fragebögen, Testunterlagen, Stichwörter für ein offenes Interview usw.) daraufhin zu überprüfen, ob es wirklich geeignet ist, dem Untersuchungsziel näher zu kommen. Diese Generalprobe wird *Pré-Enquête* 'Vor-Untersuchung' genannt. Am besten ist es, sie unter Bedingungen durchzuführen, die der Sprachaufnahme möglichst nahe kommen. Wenn das nicht geht, sollte trotzdem geübt werden. Selbst in Rollenspielen kann die Vertrautheit mit den Fragen oder Tests geübt werden und die eigene Rolle vertraut werden. Denn wer eine Sprachaufnahme durchführt, steht auch selbst auf einem Präsentierteller, selbst wenn er sich um unauffälliges Verhalten bemüht – oder gerade dann. Auch diese Probe sollte dokumentiert werden, damit sie sorgfältig ausgewertet werden kann. Bei der Bewertung einer Interviewsituation sollten folgende Aspekte berücksichtigt werden:

– Welche Art von Beziehung besteht zu Anfang zwischen den Beteiligten? Ist sie eher förmlich oder eher zwanglos, und woran zeigt sich dies? Wirkt der Explorator dominant oder sogar autoritär?
– Wie verändert sich diese Beziehung während des Gesprächs?
– Wo gibt es in Bezug auf das Verhältnis der Gesprächspartner (Förmlichkeit, Vertrautheit) Wendepunkte im Gespräch? Welche Gesprächsbeiträge lösen sie aus?
– Wie ist die Reaktion auf die eigenen Gesprächsbeiträge? Sind Hörersignale, z. B. ermutigendes *hm hm*, gut eingesetzt? Wie sieht es mit Unterbrechungen aus?
– Welche Hypothesen lassen sich auf Basis der Pré-Enquête formulieren? Verspricht diese Vorgehensweise gute Ergebnisse?

7.1.4   Auswahl und Kontaktierung der Informanten

Zur Entwicklung der Fragestellung gehört die Frage nach der Auswahl der Informanten, zumindest soweit die erforderlichen Sprach- und Dialektkenntnisse betroffen sind sowie normalerweise der Wohnort. Die Auswahl der Fragestellung richtet sich nach dem theoretischen Rahmen, z. B. dem Rahmen der Varietätenlinguistik, wenn ein Dialekt oder eine informelle Situation wie ein Interview bei Sprechern verschiedener Altersgruppen und Sozialkategorien untersucht wird.

Bei größer angelegten Sprachaufnahmen muss die Frage der Repräsentativität diskutiert werden, d. h. die Gruppe der Befragten (Stichprobe) soll nach Möglichkeit die demographische Zusammensetzung der Bezugsgruppe abbilden und vor allem ausreichend groß sein. In jedem Fall ist es sinnvoll, sich einen Überblick über die demographischen Verhältnisse zu verschaffen. Viele Daten zur Alters- und Sozialstruktur, zu Herkunftsländern und gesprochenen Sprachen werden auf den Internetseiten der nationalen Statistikinstitute zur Verfügung gestellt, so das französische INSEE (Institut national de la statistique et des études économiques), das italienische ISTAT (Istituto nazionale di statistica) und das spanische INE (*Instituto Nacional de Estadística*). Auch das *World Factbook* der CIA stellt online demographische Informationen zur Verfügung, die bei der Planung der Stichprobenzusammensetzung helfen können.

Die Größe der Stichprobe wird mit *n* bezeichnet, wenn sie in Formeln oder in Tabellenüberschriften bzw. Graphikunterschriften benannt wird. So wird im folgenden Beispiel die Gesamtzahl der Informanten genannt: «Informanten nach Berufsausbildung (n=56)».

In Qualifikationsarbeiten sind Sprachaufnahmen oft Einzelprojekte und die Bearbeitungszeit ist begrenzt. Daraus ergeben sich eher niedrige Zahlen von zu befragenden Sprechern. Auch aus exemplarisch angelegten Untersuchungen, die auf einer eher schmalen Materialbasis aufbauen, können wichtige Beobachtungen hervorgehen und Hypothesen gebildet werden; vor allem bieten auch kleine Studien die Möglichkeit, methodische Fragen zu erörtern und den Zusammenhang von Vorgehensweise und erwartbaren Ergebnissen weitergehend zu verdeutlichen.

In Untersuchungen mit wenigen Befragten kommt es vor allem darauf an, die Grenzen der Aussagekraft zu berücksichtigen, das heißt, die Ergebnisse als Hinweise, nicht als Beweise zu bewerten. Besondere Bedeutung hat die Kontaktaufnahme mit den Befragten. Auch diese Phase der Erhebung sollte dokumentiert werden. Wird die Gruppe der Befragten innerhalb eines homogenen sozialen Umfelds gebildet, z. B. durch Kontaktierung in einem Kulturverein? Oder kommt eine Zufallsauswahl dadurch zustande, dass an einem neutralen Ort wie in einer Behörde Unbekannte angesprochen werden? Die getroffene Auswahl sollte jeweils erläutert und begründet werden. Folgende Möglichkeiten der Kontaktaufnahme stehen zur Verfügung:

– Schriftliche Kontaktaufnahme: Wenn entsprechende Anschriften oder andere Möglichkeiten der Adressierung zur Verfügung stehen, kann eine schriftliche Einladung zur Teilnahme erfolgen. Möglich ist es auch, über Aushänge zu werben.
– Hilfe von Multiplikatoren: Wenn sich die Erhebung auf ein gut umgrenztes soziales

Umfeld richtet, können z. B. Lehrer oder andere Multiplikatoren bei der Organisation helfen und mögliche Informanten kontaktieren. Es kann helfen, gezielt auf das Wissen der Informanten nicht nur über die Sprache, sondern auch über andere Sprecher zurückzugreifen.[79] Wenn die Erhebung unterschiedliche Milieus berücksichtigen soll, können verschiedene Multiplikatoren gewonnen werden, Mitglieder aus Sport- oder Kulturvereinen, oder Personen aus einem traditionellen Wohngebiet mit dichter Sozialstruktur.

- Zufallsauswahl: Ganz zufällig ist die Auswahl nie, denn bereits die Wahl einer Einkaufsstraße oder einer Flaniermeile bewirkt, dass ein bestimmtes Publikum angesprochen wird, aber wenn der Ort gut gewählt ist und auch gewechselt wird, können viele unterschiedliche Personen angesprochen werden. Diese direkte Ansprache kann helfen, soziale Milieus zu erschließen, die vorher nicht gut bekannt oder zugänglich waren.
- Versammlungsorte: Wenn es für die anvisierte Sprechergruppe zentrale Räumlichkeiten oder Örtlichkeiten gibt, sie z. B. in Cafés, an festen Plätzen oder in Vereinshäusern zu finden ist, eignen sich diese Lokalitäten auch gut für die Kontaktaufnahme.
- *Friend-of-a-friend*: Die Hilfsbereitschaft der bereits Befragten kann dazu beitragen, innerhalb eines sozialen Milieus mehr Personen zu kontaktieren, aber auch über entferntere Bekanntschaften neue Bereiche zu erschließen, wenn gezielt nach Personen eines bestimmten Sozialprofils gefragt wird.

7.1.5 Information der Befragten

Es erleichtert die Herstellung einer beiderseits authentischen und möglichst unbefangenen Gesprächssituation, wenn die Forscher ehrlich auftreten. Dazu gehört, dass bei der Kontaktaufnahme das Untersuchungsanliegen geschildert wird. Auf der anderen Seite können aus dieser Darstellung des Forschungsinteresses Probleme entstehen, wenn die Informanten z. B. daraufhin sehr auf ihre Sprache achten und keine umgangssprachlichen Ausdrücke verwenden; meistens ist es nicht im Interesse der Untersuchung, dass die Befragten ihren Sprachgebrauch stark kontrollieren. Abhilfe schaffen Formulierungen, die zwar das wissenschaftliche Untersuchungsinteresse ausdrücken, aber die Aufmerksamkeit der Befragten nicht auf ihren Sprachgebrauch lenken, sondern zum Beispiel die Frage nach Lebensbedingungen oder Freizeitbeschäftigungen in den Mittelpunkt stellen. Die Informationen, die den Befragten einleitend gegeben werden, sollten in der Darstellung der Untersuchungsmethode erwähnt werden (→ Kap. 3.4.3). Außerdem sollte diese Selbst- und Projektvorstellung geübt werden, vor allem dann, wenn sie in der Fremdsprache stattfindet.

---

[79] Die diesbezüglichen Überlegungen von Dimmendaal (2001: 61) zur linguistischen Feldarbeit können auch für romanistische Untersuchungen Anregungen geben.

7.1.6 Angaben zur Person

Zur Grundausstattung gehört normalerweise ein Fragebogen, in den die Personendaten der Befragten eingetragen werden, mindestens Alter, Geschlecht und Wohnort. Meistens sind weiterführende Angaben erforderlich, sie richten sich in ihrer Zusammensetzung nach dem jeweiligen Interesse. Dieser Fragebogen kann von den Befragten ausgefüllt werden, aber es ist sicherer (wegen der garantierten Lesbarkeit), wenn die Fragen mündlich gestellt und möglichst unauffällig vom Explorator aufgeschrieben werden. Natürlich können die Fragen zur Person auch aufgenommen und im Anschluss transkribiert werden, das entlastet das Gespräch vom bürokratischen Aufwand des Formularausfüllens. Wenn der Fragebogen vor dem Gespräch ausgefüllt wird, kann dies eine Bekanntheit begründen; es kann aber auch eine sehr förmliche Situation entstehen. Beide Möglichkeiten sollten in der Pré-Enquête ausprobiert werden. Der Fragebogen zur Person kann sich aus einer Auswahl aus folgenden Angaben zusammensetzen – diese Auswahl richtet sich nach der Zielsetzung des Projekts.

- Familie: Geburtsort der Eltern, Muttersprache / Dialekt der Eltern, Ausbildung der Eltern, Beruf der Eltern, im selben Haushalt lebende Personen (Geschwister, Großeltern)
- Schulabschluss, Ausbildung, Berufstätigkeit
- Biographische Stationen: Ortswechsel, Lebensgemeinschaften, Familiengründung
- Sprachkenntnisse und -verwendung: Nennung der Sprachen und Dialekte, Dauer und Art des Spracherwerbs, Aufschlüsselung nach Kompetenz (Selbsteinschätzung)
- Verwendungskontexte von Sprachen und Dialekten, z. B. aufgeschlüsselt nach Familie (mit den Eltern / Geschwistern), Freunden oder Situationen des Alltags- und Berufslebens
- Medien: Nutzung von Fernsehen, Internet, Radio, Zeitungen, Büchern, ggf. aufgeschlüsselt nach Sprachen und Dialekten
- Freizeit und Soziales: In einigen Studien, die soziale Netzwerke analysieren, wird dieser Themenbereich in mehrere Einzelfragen aufgeteilt und sehr detailliert untersucht oder beobachtet. In anderen Untersuchungen ist es nicht notwendig, die Präferenz für Freizeitaktivitäten abzufragen, weil z. B. im Interview die Präferenzen für Freizeitaktivitäten deutlich werden und auch zur Sprache kommt, in welchen sozialen Kontexten sich der Befragte bewegt.

7.1.7 Protokollbogen

Sprachaufnahmen sind entdeckungsreich. Die Sprache kann während der Sprachaufnahme erlebt werden und alle Beobachtungen, die in ihrem Verlauf gemacht wurden, können helfen, die entstandenen Sprachdaten besser zu verstehen. Darum sollte unmittelbar im Anschluss an die Begegnung mit dem oder den Gewährspersonen ein Protokoll geschrieben werden. Es kann sehr persönlich und unbefangen geschrieben werden – dieses Protokoll ist nur für die eigene Verwendung gedacht; auf Wissenschaftlichkeit braucht keine Rücksicht genommen zu werden, Subjektivität ist erwünscht. In einer ersten Phase werden alle Eindrücke vom Auftreten der Personen, ihrem Erscheinungsbild, dem äußeren Rahmen des Geschehens festgehalten. Auch Details können bei der Auswertung helfen, die Szene wieder hervorzurufen. Erst in späteren Durchgängen werden die Protokollinformationen im Hinblick auf das Untersuchungsinteresse gefiltert. Unverzichtbar sind im Protokoll die Angaben zu Zeit und Ort der Aufnahme, zur Art der Kontaktaufnahme, zur Anzahl der beteiligten Personen, zu ihrem Bekanntheitsgrad untereinander, zu der Art und Weise, wie die Sprachaufnahme erläutert und eingeführt wurde. Außerdem sollten, wenn keine Bilddokumentation erfolgt, die für das Verständnis des Gesprächs notwendigen Informationen festgehalten werden, z. B. auf welche Gegenstände gezeigt wird, wer außer den Hauptpersonen noch beteiligt war, welches Geschehen sich hinter deutlich hörbaren Ereignissen verbirgt. Bereits bei der Planung sollte festgelegt werden, welche Informationen für die Beschreibung der Situation relevant sind; diese Informationen sollten zu jeder Aufnahme festgehalten werden.

7.1.8 Autorisierte Verwendung der Daten

Verwendung von Gesprächsmitschnitten
Hiermit autorisiere ich (Name des Informanten) ....
Anschrift ....
erreichbar unter (E-Mail/Telefon) ....
die Person bzw. die Arbeitsgruppe (Name) ....
Anschrift ....
erreichbar unter (E-Mail/Telefon) ....
zur Verwendung von Gesprächsmitschnitten und deren Verschriftungen wie folgt:
Publikation auch längerer, anonymisierter Passagen in einem Buch oder einer wissenschaftlichen Zeitschrift   ja ☐ nein ☐
Publikation von anonymisierten Text- und Tonausschnitten auf CD-ROM oder anderen digitalen Datenträgern   ja ☐ nein ☐
Publikation von anonymisierten Tonausschnitten im Internet   ja ☐ nein ☐
Publikation von anonymisierten Textausschnitten im Internet   ja ☐ nein ☐
Weiteres [Fotos oder anderes Material]   ja ☐ nein ☐
In zwei Ausfertigungen erstellt (Ort und Datum) ....
(Unterschrift Befrager/in) ....
(Unterschrift Befragte/r) ....

Fig. 1: Autorisierung der Verwendung von Gesprächsmitschnitten und Transkripten

Wenn an eine Veröffentlichung der Sprachaufnahmen gedacht ist, sollte dafür eine Erlaubnis (Autorisierung) durch die Sprecher eingeholt werden. Eine Autorisierung der Verwendung von Sprachaufnahmen beugt außerdem etwaigen juristischen Problemen bei der Publikation auch im internationalen Kontext vor.[80] Bei einer schriftlichen Autorisierung kann ein Formular in zweifacher Ausfertigung verwendet werden (cf. Fig. 1), auf dem die Kontaktdaten aller Beteiligten vermerkt sind, so dass später beiderseitige Nachfragen möglich sind.

Auf diese Weise wird den Befragten die Möglichkeit gegeben, über den Umfang der Veröffentlichung mit zu entscheiden. Schließlich käme ohne die Bereitwilligkeit der Befragten keine Sprachaufnahme zu Stande, daher sollte es selbstverständlich sein, die Hauptpersonen nach ihrer Meinung z. B. darüber zu fragen, ob sie später ihre Stimme im Internet hören möchten. Wenn diese Autorisierung mündlich eingeholt wird, sollte dieser Gesprächsabschnitt aufgenommen werden.

7.2   Interviewsituation

Eine wichtige Bedeutung für die Gestaltung der Interviewsituation kommt – wenn es sich nicht um eine verdeckte Aufnahme handelt – der Selbstvorstellung des Explorators zu.[81] Bei der Kontaktaufnahme und beim Erklären des jeweiligen Interesses wird ein (stillschweigender) Vertrag geschlossen, der die wechselseitigen Erwartungen und Verhaltensregeln steuert. Zu den wichtigen Parametern der Interviewsituation gehören Ort, Zeit und die Beziehung der Beteiligten untereinander, die wiederum wesentlich von den jeweiligen sozialen Faktoren beeinflusst wird.

Die Wahl des Ortes beeinflusst die Rolle, welche die Befragten während des Gesprächs annehmen; in einem fremden Büro ist das Verhalten zunächst möglicherweise kontrollierter als im Lieblingscafé oder zu Hause. Es hängt aber stark von der Persönlichkeit der Befragten ab, wie sehr diese äußeren Faktoren das Gesprächsverhalten beeinflussen, ob sich z. B. jemand in einer Büroatmosphäre einschüchtern lässt oder souverän agiert.

Zur Wahl des Ortes gehört auch die Wahl der Sitzordnung. Die Beziehung der Beteiligten am Gespräch kann schon durch die Sitzordnung, durch die Blickrichtung oder sogar durch die Sitzhöhe symmetrisch oder asymmetrisch gestaltet werden. Der Ausdruck «auf Augenhöhe miteinander reden», demzufolge keiner der Beteiligten überlegen ist oder Überlegenheit ausspielt, ist durchaus wörtlich zu nehmen: Wer unten sitzt, ist schlechter dran. Einem frei entfalteten Gespräch ist also eine für alle bequeme, ausgeglichene Sitzordnung, die guten Blickkontakt ermöglicht, zuträglich.

Soziale Unterschiede der Beteiligten, also des Geschlechts, des Alters, der Muttersprache und sozio-kulturell bedingte Verhaltensmuster sollten ebenfalls genau beobachtet und dokumentiert werden, besonders wichtig wird dieser Bereich, wenn unterschiedliche Personen die Sprachaufnahmen durchführen.

---

[80]   Die französischen Rechtslage wird in Baude (2006) informativ dargestellt.
[81]   Zur Vertiefung der in diesem Abschnitt aufgeworfenen Fragestellungen cf. Blanchet (1997: 148ss.); Hermanns (2005); Tagliamonte (2006).

Soziale Unterschiede der Beteiligten, also des Geschlechts, des Alters, der Muttersprache und sozio-kulturell bedingte Verhaltensmuster sollten ebenfalls genau beobachtet und dokumentiert werden, besonders wichtig wird dieser Bereich, wenn unterschiedliche Personen die Sprachaufnahmen durchführen.

Es trägt kaum zu guten Sprachaufnahmen bei, wenn die Befragten eingeschüchtert werden. Wenn Aufnahmegeräte installiert werden oder Fragebogen ausgefüllt werden, sollte dies mit größtmöglicher Selbstverständlichkeit geschehen, ohne in einen beamtischen Ton zu verfallen: Es soll nicht der Eindruck entstehen, dass ein Verhör stattfindet. Auch die Technik sollte nicht zu augenfällig inszeniert werden. Nicht nur was gefragt wird, sondern auch wie gefragt wird, trägt zur Beziehung zwischen den Beteiligten bei – und ob überhaupt gefragt wird oder darauf hingesteuert wird, eine Unterhaltung in Gang zu bringen.

Schließlich ist nicht nur das Fragen, sondern besonders das Zuhören von Bedeutung für die Qualität des Interviews. Wenn keine Aufmerksamkeit signalisiert wird, der Explorator z. B. keinen Blickkontakt hält und damit beschäftigt ist, seine Geräte zu kontrollieren bzw. sich in seine Aufzeichnungen zu vertiefen, werden die Befragten sich auch wenig einbringen. Besser ist das «aktive Zuhören», welches sich durch guten Blickkontakt und Reaktionen auf das Gesagte auszeichnet, sei es durch Gestik, Mimik, Hörersignale (*hm hm*, *ah bon?*, *sì*, *ya*) oder Kommentare.

Auch die Interviewsituation sollte probiert werden. Man kann dabei auch in die andere Rolle schlüpfen und sich selbst von jemand anderem befragen lassen. Wie wirken die gestellten Fragen? Ist klar, was gemeint ist und was getan werden soll? Gibt es Aspekte, die doch irgendwie nach Prüfung klingen? Aus einer solchen umgekehrten Generalprobe können Ideen für die Nachbesserung gewonnen werden.

7.3 Transkription von Sprachdaten

Die Transkription von aufgenommenen Sprachdaten bildet die Voraussetzung der sprachwissenschaftlichen Untersuchung. Sie erfordert handwerkliches Können.[82] Wofür es jeweils eingesetzt wird, ist vorab zu klären: Ist das Interesse vorwiegend dokumentarisch? Zum Beispiel kann die Materialgrundlage einer sprachwissenschaftlichen Untersuchung den Lesern zugänglich gemacht werden, damit die Argumentation nachvollziehbar ist. Oder steht die digitale Erfassung des Textes für seine Weiterverarbeitung mit korpuslinguistischen Werkzeugen im Vordergrund? Transkribierte Texte können mit unterschiedlichen (morphosyntaktischen, syntaktischen, diskursrelevanten) Informationen angereichert werden, und auf diese Informationen kann durch geeignete Programme zugegriffen werden (Annotation, → Kap. 6.3).

---

[82] Dittmar (2002) versteht sich als Lehrbuch des «Handwerks der Verschriftlichung».

In der Praxis der Transkription wird schnell deutlich, dass die Eigenschaften der gesprochenen Sprache komplex sind und daher unterschiedlich wahrgenommen werden. Eine Transkription wird der Vielfalt der sprachlichen Merkmale, die möglicherweise verschriftet werden können, niemals gerecht, und auch zwei geübte Transkribenten werden zu unterschiedlichen Ergebnissen gelangen, wenn sie mit identischen Vorgaben denselben Text bearbeiten.

Wissenschaftliches Transkribieren bedeutet eine Übertragungsleistung von einem Medium in ein anderes (→ Kap. 5.5.2). Diese Übertragungsleistung ist immer eine Reduktion. Auf eine wissenschaftliche Basis wird diese Arbeit dadurch gestellt, dass jede Entscheidung begründet wird, und zwar in einem eigenen Kapitel, welches mit «Transkriptionskriterien» überschrieben ist – übersetzt: «Entscheidungen, die bei der Verschriftung getroffen werden». Dabei kann auf etablierte Standards zurückgegriffen werden, die sich für bestimmte Forschungsfragen als geeignet erwiesen haben und zudem dazu beitragen, dass die unterschiedlichen Verschriftungen vergleichbar sind.

Je nach Forschungsrichtung sind unterschiedliche Transkriptionsstandards üblich. Es empfiehlt sich, im möglichst engen thematischen Umfeld der eigenen Fragestellung nach Vorbildern für Transkriptionskriterien zu suchen.

Im deutschsprachigen Raum und international haben sich in unterschiedlichen Subdisziplinen mehrere Transkriptionsstandards herausgebildet. Eine zentrale Informationsquelle im Netz, die ein eigenes Transkriptionssystem, einen eigenen Transkriptionsstandard und zahlreiche Informationen zu weiteren Transkriptionswerkzeugen zur Verfügung stellt, ist EXMARaLDA ([2013]).

Unter den einzelnen Standards sind u. a. zu nennen: CATS (*Conversational Analysis Transcription System*), im Projekt CHILDES (*Child Language Data Exchange System*) der Standard CHAT (Ch aus *Childes*, AT für *Analyzing Talk*), DIDA-Transkriptionsrichtlinien des Instituts für deutsche Sprache, GAT (*Gesprächsanalytisches Transkriptionssystem*), HIAT (*Halbinterpretative Arbeitstranskription*), IMT (*Interlineare Morphemglossierung*), WBT (*Web Based Transcription*).[83] Alle diese genannten Transkriptionssysteme sind auf der Basis von online verfügbaren Handbüchern und Projektbeispielen gut dokumentiert.

Im Zusammenhang größerer Korpusprojekte wurden kohärente Transkriptionssysteme entwickelt, die zitiert und übernommen werden können. Ein romanistisches Beispiel ist der orthographische Standard, der in C-ORAL-ROM verwendet wird und der auch pragmatisch relevante Phänomene der Intonation berücksichtigt.

---

[83] Einen Überblick zu diesen Systemen bietet Dittmar (2002), empfehlenswert sind auch die online publizierten Artikel in Runkehl / Schlobinski / Siever (1998–2007).

7.3.1   Transkriptionsprogramme

Die Zahl frei verfügbarer, empfehlenswerter Transkriptionsprogramme steigt beständig an. Mit der folgenden Auswahl sollen daher vor allem exemplarisch die Unterscheidungsmerkmale von Transkriptionsprogrammen deutlich gemacht werden, die auch bei der Beurteilung und Auswahl hier nicht aufgeführter Programme weiterhelfen.

In einigen Transkriptionsprogrammen ist es möglich, mehrere Transkriptionssysteme zu verwenden, indem z. B. eine Zeile (bzw. Ebene oder *Tier*) für die orthographische Transkription und eine Zeile für die phonetische Transkription erzeugt wird. Wer einmal Video- oder Audioaufnahmen verschriftet hat und dabei zwischen dem Programm (bzw. Abspielgerät) zur Bild- bzw. Tonwiedergabe und der Textverarbeitung hin- und herwechseln musste, wird es zu schätzen wissen, dass es Transkriptionsprogramme gibt, welche die Erfassung des Textes und die Darstellung des Tonsignals gleichzeitig in ein und demselben Fenster leisten. Dadurch kann eine präzise Zuordnung von Text (der phonetischen bzw. orthographischen Transkription bzw. der Etikettierung einzelner Laute) und Ton bzw. Bild erfolgen, weil in der Ausgabedatei des Textes zugleich die genaue Zeitangabe gemacht wird.

- PRAAT. Dieses Programm ermöglicht eine genaue Segmentierung des Tonsignals und ist daher besonders geeignet, wenn phonetisch transkribiert werden soll. PRAAT stellt zahlreiche Funktionen nicht nur der akustischen Analyse (F0, Formanten, Lautstärke, Spektogramm, Oszillogramm), sondern auch der Sprachsynthese zur Verfügung. Die Transkription wird in einem eigenen Format ausgegeben, das TEXTGRID heißt. Diese Dateien können auch mit dem WORDPAD gelesen werden.
- TRANSCRIBER: Dieses Programm ist besonders geeignet, wenn längere Tonaufnahmen transkribiert werden sollen. Es eignet sich besser für die orthographische Transkription, auch wenn alternative Zeichensätze, z. B. der phonetischen Umschrift, genutzt werden können. Mit Hilfe von im Internet verfügbaren Konvertern kann eine in TRANSCRIBER angefertigte Basistranskription für die genauere Analyse nachträglich in PRAAT eingelesen werden.

Auch für die Transkription prosodischer und intonatorischer Phänomene wurden Programme entwickelt, z. B. PROSOGRAM.

7.3.2   Zeichensystem

Für die Transkription stehen unterschiedliche Arten von Zeichensystemen zur Verfügung: der Zeichensatz, der für die jeweilige Sprache standardgemäß verwendet wird oder ein phonetischer Zeichensatz, der die tatsächlich gehörte Aussprache abbildet. Die erste Möglichkeit wird als «orthographische Transkription» bezeichnet: Auch wenn der Sprecher z. B. ein unbetontes *e* (Schwa, [ə]) ganz ausfallen lässt, wird das jeweilige Wort so aufgeschrieben, wie es im Wörterbuch stehen würde, also frz. *je*, auch wenn [ə] nicht artikuliert wird, z. B. in *je sais*. Dabei geht die phonetische Information verloren. Ein Vorteil entsteht jedoch dadurch, dass die entstandenen Texte einem klaren Standard folgen und von Programmen durchsuchbar sind, die auf diesem Standard aufbauen; die Vielzahl der auf der Ebene der Rede möglichen Aussprachevarianten (welche durch einfache Auslassung ohnehin unzureichend wiedergegeben ist) wird reduziert. Interessant ist dann nicht, dass das Schwa ausfiel, sondern dass das Personalpronomen der ersten Person Singular realisiert wurde. Diese Information kann auf Basis orthographisch transkribierter Texte in Frequenzlisten, KWIC, POS und Parsing genutzt werden (→ Kap. 6.4).

Für viele Untersuchungen ist hingegen gerade die Information über die realisierte oder nicht realisierte Aussprache des Schwa interessant. Typischerweise verlangen dialektologische Untersuchungen nach einer phonetischen Transkription, im Allgemeinen im Alphabet der IPA (*International Phonetic Association*).[84] Ein zweiter Standard namens SAMPA (*Speech Assessment Methods Phonetic Alphabet*) wurde entwickelt, um jedes phonetische Zeichen mit der gängigen Tastaturbelegung erzeugen zu können. Dadurch können Transkriptionen zwischen Programmen und Nutzern besser ausgetauscht werden (Tab. 3).

Tab. 3: Orthographische Transkription und Umschrift nach IPA und SAMPA

Orthographisch	IPA	SAMPA
voilà un exemple	vwala œ̃ ɛgzɑ̃pl]	vwala 9~n Egza~pl

Bei der phonetischen Umschrift wird zwischen enger und weiter Transkription unterschieden, je nachdem, wie genau die Realisation notiert wird.

Einen Mittelweg zwischen orthographischer und phonetischer Transkription stellt die literarische Umschrift dar. Diese Transkription bildet typische Aussprachegewohnheiten ab, ohne jedoch einen phonetischen Zeichensatz zu verwenden, z. B. werden ausgelassene Silben durch Apostroph angedeutet: frz. *un p'tit*. Für das Deutsche gibt es ausgearbeitete Standards dieser Mischform.[85] Ein Vorteil dieser Schreibweise ist ihre gute Lesbarkeit, sie nähert die Transkription an die Lesegewohnheiten an, die sich besonders im Bereich der E-Mails und des Chats verbreitet haben. Ein Problem dieser Mischform ist, dass kein klares Kriterium zu erkennen ist, wann an den orthographischen Standard angepasst wurde und wann hingegen eine phonetische Auffälligkeit verschriftet wurde. Im Falle solcher Mischformen müssen die Transkriptionskriterien sehr detailliert sein, um Eindeutigkeit herzustellen.

Angesichts der Probleme, eine plausible Mischform zu verwenden, ist es konsequenter, die Ebenen der orthographischen und der phonetischen Transkription zu trennen. In diesem Fall wird in einem ersten Schritt durchgängig orthographisch transkribiert und in einem

---

[84] Weit verbreitet für die phonetische Umschrift nach dem Standard der IPA sind die Fonts des SIL (*Summer Institute of Linguistics*), die im Internet frei zur Verfügung stehen.
[85] Cf. die Diskussion bei Dittmar (2002: 62–65).

zweiten Schritt eine konsequent phonetische Umschrift angefertigt. Wenn nur einzelne phonetische Phänomene interessieren, können Zusatzinformationen in die orthographische Transkription eingefügt werden, z. B. wo in einem französischen Text die Liaison realisiert wurde oder wo in einem spanischen Text der Seseo zu finden ist (→ Kap. 6.3). Transkriptionsprogramme wie PRAAT (→ Kap. 7.3.1) erlauben es, in mehreren Zeilen die verschiedenen Versionen der Transkription, z. B. orthographisch und phonetisch, untereinander zu setzen. Die Genauigkeit der Transkription kann dabei bis hin zur Etikettierung von Einzellauten gehen.

7.3.3   Einzelprobleme der Transkription

Die gesprochene Sprache weist eine Reihe von Besonderheiten auf, welche in der Transkription abgebildet werden sollten. Dabei sind unterschiedliche Entscheidungen möglich, welche in den «Transkriptionskriterien» dargelegt werden müssen. Bei allen Sonderzeichen, die für die Transkription eingeführt werden, ist darauf zu achten, dass sie bei der programmgestützten Auswertung eindeutig sind. In den unterschiedlichen sprachwissenschaftlichen Arbeitsgebieten werden unterschiedliche Standards verwendet. Orientieren Sie sich so gut und so nah wie möglich an vorliegenden Studien, die zu Ihrem Thema verwandten Themen veröffentlicht wurden. Einige Anregungen für Aspekte, die bei der Transkription gesprochener Sprache berücksichtigt werden müssen:

— Wiederholungen: In sprachwissenschaftlichen Transkriptionen ist es üblich, wiederholt geäußerte Wörter auch wiederholt zu verschriften.
— Pausen: In einigen Transkriptionssystemen werden Pausen interpretiert und in die Interpunktionszeichen der Standardsprache umgesetzt; in diesem Fall wird eine Pause z. B. als Komma wiedergegeben. In anderen Systemen wird mit unterschiedlicher Genauigkeit angegeben, ob eine Pause gesetzt wird und wie lang sie ist. Je nachdem, welche Bedeutung der Pause beigemessen wird, verwendet man ein Symbol wie das Pluszeichen ‹+›, das für kurze, mittlere ‹++› und längere ‹+++› Pausen variiert werden kann, oder es wird genau angegeben, wie lang eine Pause ist, z. B. durch (0,5) für eine halbe Sekunde Pause. Diese sehr genaue Aufzeichnung der Pausendauer ist üblich geworden, seitdem in den jeweiligen Transkriptionsprogrammen die Pausendauer genau gemessen werden kann.
— Wortabbrüche: In sprachwissenschaftlichen Transkriptionen wird der Prozess der Formulierungsarbeit so genau wie möglich abgebildet, auch durch die Transkription abgebrochener Wörter. Wo ein Wortabbruch erfolgt, wird dies durch ein Symbol markiert. Dafür wird manchmal ein Trennungsstrich verwendet. Dieses Zeichen kann aber die programmgestützte Weiterverarbeitung erschweren, weil es nicht vom Trennungsstrich, der Bestandteil von Ausdrücken wie *disaient-ils* zu unterscheiden ist. Besser ist es, ein eigenes Symbol zu verwenden, z. B. Klammern ohne Inhalt: *corre()*.
— Unverständliches, Erschlossenes: Wenn ein Wort nicht verständlich ist, kann durch ein entsprechendes Symbol gezeigt werden, wieviele Silben geäußert wurden, z. B. durch

X. Wenn ein Wortbestandteil oder ein Wort erschlossen werden kann, sollte angedeutet werden, wo etwas erschlossen wurde, z. B. durch Klammern: *finalem(ent)*.
- Interjektionen: Bei Interjektionen besteht die Möglichkeit, die Umschrift an den lexikalisierten Interjektionen zu orientieren, wie sie meist bereits ins Wörterbuch Eingang gefunden haben, z. B.: *euh*, *hein*, *hum* im Französischen, *beh*, *boh*, *mah* im Italienischen, *eh*, *hola* im Spanischen.
- Intonation: Wenn ein System gewählt wird, in dem Interpunktionszeichen gesetzt werden, bedeutet das meist auch eine Interpretation der Intonation, z. B. wird eine Frage auf Grund ihrer Intonation erkannt, und dies wird durch ein Fragezeichen angezeigt. Andere Interpunktionssysteme tragen die Hebung und Senkung der Stimme am Ende einer intonatorischen Einheit durch Symbole ein, z. B. ‹/› für steigend, ‹\› für fallend, ‹;› für gleichbleibend und ‹?› für fragende Intonation.
- Längung: Die Längung von Vokalen kann durch Doppelpunkt transkribiert werden.
- Akzent: Der Akzent wird bei der phonetischen Umschrift durch Apostroph vor der akzentuierten Silbe wiedergegeben, bei orthographischer Transkription eher durch die Wahl eines Großbuchstabens für den betonten Vokal
- Dynamik: Auch zunehmende oder abnehmende Lautstärke kann transkribiert oder (in eckigen Klammern) kommentiert werden.
- Sprechtempo: In einigen Transkriptionssystemen wird auch eine Verlangsamung oder Beschleunigung des Sprechtempos angezeigt.
- Mehrere Sprecher: In der Transkription sollte nicht nur deutlich werden, wer jeweils spricht, sondern auch, wann sich Redebeiträge überschneiden (engl. *overlapping speech*) und wer an solchen Passagen beteiligt ist. Ein etabliertes Verfahren ist dabei die Partiturschreibweise: Wie in einer Partitur deutlich gemacht wird, dass mehrere Vokal- oder Instrumentalstimmen gleichzeitig klingen, werden in der Partiturschreibweise gleichzeitig geäußerte Gesprächsbeiträge durch eckige Klammern zusammengefasst.
- Redebegleitende Ereignisse: Im Allgemeinen wird alles, was in der Tonaufnahme hörbar ist, verschriftet. Dazu gehört das Geschehen, das «neben der Sprache», also parasprachlich, verläuft, z. B. Gesten wie Klatschen oder Klopfen, außerdem Lebensäußerungen wie Seufzer, Husten, Lachen. Weiterhin werden außersprachliche Geräuschquellen benannt, z. B. Türenschlagen, ein vorbeifahrendes Auto. In den Transkriptionskriterien wird festgelegt, wie die Beschreibung von redebegleitenden Ereignissen vom transkribierten Text unterschieden wird, z. B. kann sie in eckige Klammern gesetzt werden und mit zuvor festgelegten Abkürzungen kodiert werden.

7.3.4 Phonetische Analysen

Da heute Sprachdaten also normalerweise bereits bei der Aufnahme digital gespeichert werden, stehen sie für die programmgestützte Analyse zur Verfügung. Das Spektrum der Analyseschwerpunkte ist sehr breit; es ergibt sich aus der Möglichkeit, akustische Eigenschaften des Signals zu berechnen und auch für eine Visualisierung aufzubereiten. Diese

Visualisierung kann die Transkription unterstützen, in Transkriptionsprogrammen (→ Kap. 7.3.1) werden das Tonsignal und das Texteingabefeld im selben Fenster gezeigt. Dadurch werden Wortgrenzen und Pausen nicht nur hör-, sondern auch sichtbar. Außerdem hilft die Interpretation der bildlichen Darstellung des Signals und seiner Klangeigenschaften, zwischen Lauten zu unterscheiden. Eine intensive Forschungstätigkeit richtet sich auf die programmgestützte Transkription; dazu gehört nicht nur Software zur automatischen Spracherkennung, sondern auch die Entwicklung von Programmen zur Erkennung und Auswertung von Pausen, prosodischen und intonatorischen Einheiten. Ein wichtiges Programm für die phonetische Analyse ist PRAAT. Es wurde von den Entwicklern frei für die Forschung zur Verfügung gestellt, durch zahlreiche Zusatzanwendungen ergänzt und in andere Analyseprogramme eingebaut. Voraussetzung für die programmgestützte Analyse von Tonsignalen sind Grundkenntnisse der Phonetik.[86] Die folgenden Grundbegriffe der computergestützten Phonetik sollen nur einige Möglichkeiten andeuten, die sich aus der digitalen Berechenbarkeit und Darstellbarkeit der Klangeigenschaften ergeben. Dabei gilt das Grundprinzip, dass die Ausdehnung des Schalls in der Zeit durch die graphische Ausdehnung im Raum horizontal wiedergegeben wird. Die jeweils vom Programm errechneten Schalleigenschaften werden ebenfalls in die räumliche Dimension umgesetzt und in der Vertikalen abgebildet (Spektogramm oder Sonagramm, Pitch, Formanten, Intensität). Programme wie PRAAT ermöglichen es, diese Schalleigenschaften einzeln oder kombiniert abzubilden. Außerdem werden z. B. die Pausenlänge (in Sekunden), die Lautstärke (in Dezibel) und die Tonhöhe (in Herz) analysiert und die Zahlenwerte ausgegeben.

Ein international bekannter und auch für die romanischen Sprachen zunehmend bedeutsamer Standard für die Erfassung intonatorischer bzw. prosodischer Phänomene ist ToBI. Erfasst werden, wie der Name *Tones and Breaks Indices* ausdrückt, die Intonationsphrasen, ihre Grenztöne und die Akzente (cf. Gabriel / Lleó 2011).

Anwendungsbeispiele und auch Fragebögen, die gezielt zur Erhebung intonatorischer Phänomene in den romanischen Sprachen eingesetzt wurden, finden sich auf den Internetseiten des *Workshop on Romance ToBI, Satellite workshop PaPI 2011*, Universitat Rovira i Virgili (Tarragona).

Arbeitsaufgaben zu Kapitel 7

1. Suchen Sie bei einem Internet-Radiosender, der die Sprache Ihres Interesses verwendet, ein Tondokument und speichern Sie es (z. B. mit der rechten Maustaste, «Ziel speichern unter»). Sichern Sie die Adresse der Seite, am besten auch im Ausdruck (als PDF), und erstellen Sie eine bibliographische Angabe zu dem Tondokument.

---

[86] Weiterführend ist das Phonetikkapitel in Linke / Nussbaumer / Portmann (2001).

2. Installieren Sie das Programm TRANSCRIBER (Internetadresse s. Bibliographie). Rufen Sie das Programm auf. Öffnen Sie über «File» und «open audio file» die von Ihnen gespeicherte Datei.
3. Durch Betätigen der Tabulator-Taste können Sie die Wiedergabe des Tonsignals beginnen oder stoppen. Hören Sie die Aufnahme mehrmals an. Beobachten Sie dabei auch die rote Linie, die den Standort im Tonsignal anzeigt.
4. Im nächsten Schritt überlegen Sie sich, nach welchen Äußerungseinheiten sie einen Einschnitt wahrnehmen, sei es durch eine deutliche Hebung oder Senkung der Stimme oder durch eine Pause. Achten Sie darauf, dass die rote Linie im Tonsignal an der von Ihnen gewünschten Stelle ist (Sie können diese Stelle durch Mausklick auch auswählen) und erzeugen Sie an dieser Stelle eine neue Zeile, indem Sie «Enter» betätigen. Wenn Sie nicht zufrieden mit der Position dieser Zeile sind, löschen Sie die Zeile durch gleichzeitiges Betätigen von «Strg» + «Backspace». Auf diese Weise segmentieren Sie das Signal, d. h. Sie grenzen die einzelnen Äußerungseinheiten voneinander ab.
5. Nun haben Sie ein Fenster, in dem mehrere Zeilen entstanden sind, die jeweils einem Abschnitt des Tonsignals entsprechen. Transkribieren Sie in jede dieser Zeilen, was Sie hören. Welche Entscheidungen müssen Sie dabei treffen? Halten Sie in einem mit «Transkriptionskriterien» überschriebenen Abschnitt alles fest, was Ihnen auffällt! Zur Orientierung können Sie auch die in C-ORAL-ROM beschriebenen Transkriptionskriterien heranziehen. An schwierigen Stellen können Sie mit der Maus das Tonsignal markieren und die Stelle mehrfach abspielen.
6. Hören Sie das Tonsignal nun mehrfach ab und korrigieren Sie die Transkription.

8   Die Erstellung eines eigenen Arbeitskorpus

Die Vielzahl authentischer Sprachmaterialien, die im Internet oder auf Datenträgern digital zur Verfügung steht, ermöglicht es schon in frühen Phasen des Studiums, einer Fragestellung auf Basis von selbst zusammengestellten Sprachbeispielen nachzugehen. Dabei steht die Auswahl der Materialgrundlage in engem Zusammenhang mit der jeweiligen Fragestellung (→ Kap. 3.4.1).

Für viele wissenschaftliche Fragestellungen wäre es bei der Abfassung von Arbeiten wünschenswert, große Ressourcen für die Erhebung, Aufbereitung und Analyse von Sprachzeugnissen zur Verfügung zu haben. Aber der Zeitraum, der für die Vorbereitung einer Seminar- oder Qualifikationsarbeit zur Verfügung steht, ist kurz, und meistens handelt es sich um Einzelprojekte. Auf Grund dieser Tatsache wird notwendigerweise exemplarisch, auf der Basis möglichst sinnvoll ausgewählter Beispiele gearbeitet. Die Materialbasis, die auf diese Weise entsteht, wird auch als *Korpus* der Arbeit bezeichnet. Im folgenden wird der Begriff Arbeitskorpus verwendet, um eine Materialbasis, die für ein wissenschaftliches Einzelprojekt von begrenztem Umfang zusammengestellt und nicht konsequent für die computerlinguistische Auswertung konzipiert wurde, von großen Sammlungen annotierter sprachlicher Beispiele im Sinne der Korpuslinguistik (→ Kap. 6.1) zu unterscheiden.

Das Internet ist in Forschung und Lehre beliebt als Reservoir authentischer und einsatzbereiter (digitalisierter) Sprachdaten. Empfehlenswert ist die Arbeit mit aufbereiteten Internetkorpora bzw. die Orientierung an ihren Standards. Wenn dies nicht möglich ist, muss beachtet werden, dass das Internet nicht «mundgerechtes Daten-Fast Food» liefert, sondern Rohmaterial, welches für die Analyse erst zubereitet werden muss. Jeder Schritt der Datenauswahl muss bedacht und begründet werden. Dies betrifft die Herkunft, die Zahl und die Qualität der ausgewählten Belege. Immer gilt es, dem Vorwurf der Beliebigkeit vorzubeugen. Bei der Erstellung eines Arbeitskorpus sind also, unabhängig von der Art des Sprachmaterials, mehrere Entscheidungen zu treffen – und nicht nur das, diese Entscheidungen sollten innerhalb der Darstellung transparent gemacht, d. h. begründet und erläutert werden. Folgende Fragen gilt es zu beantworten:

– Woher stammt das Sprachmaterial? An welchem Ort und in welchem Zeitraum ist es entstanden? In welchem Kontext ist es entstanden?
– Wenn ein längerer Zeitraum untersucht wird: Welche Quellenserien können ausgewertet werden?[87] Wodurch ist die Quellenserie gekennzeichnet, was kann möglicherweise die einzelnen zugehörigen Texte unterscheiden?
– Warum ist das gewählte Sprachmaterial geeignet, um der vorgenommenen Fragestellung nachzugehen?

---
[87] Beispiele für Quellenserien: Kanzleiakten, Kaufverträge, Testamente, Protokolle o. ä., cf. Schlieben-Lange (1991: 126).

- Welchen Umfang haben die für die Arbeit als Materialgrundlage ausgewählten Sprachbeispiele? Welche Argumente gibt es für die Auswahl der gewählten Beispiele?
- In welcher Form steht das Sprachmaterial ursprünglich zur Verfügung?
- Wie wurde das Sprachmaterial für die Untersuchung aufbereitet? Wenn ja, in welchen Schritten? Dieser Abschnitt kann die Formatierung betreffen, die Entfernung bzw. Umwandlung von Sonderzeichen, die Behandlung der Interpunktion.
- Welche technischen Hilfsmittel wurden bei der Aufbereitung und Analyse (und ggf. auch bei der Erhebung) des Sprachmaterials verwendet?
- Wenn historische Texte von einem historischen Schriftsystem in einen modernen Zeichensatz übertragen wurden oder wenn Tondokumente verschriftet wurden, müssen die Transkriptionskriterien (→ Kap. 5.5.2) erläutert werden.

8.1 Quellenverzeichnis

Wenn ein Arbeitskorpus in einem Standard wie XML (→ Kap. 6.3) aufbereitet wird, sind die bibliographischen Angaben als Bestandteil der Metadaten in jedem Dokument enthalten. Wenn das nicht der Fall ist, wird zu jedem Arbeitskorpus in einem eigenen, z. B. mit «Quellen» überschriebenen Abschnitt der Bibliographie jedes Dokument mit Herkunftsangabe aufgeführt, üblich ist dabei die Zuordnung einer Sigle (→ Kap. 4.4.3). Wenn mehrere Dokumente aus derselben Quelle stammen, kann diese nur einmal genannt werden.

8.1.1 Blogs und Online-Medien

Im folgenden Beispiel wird ein Arbeitskorpus aus Artikeln eines Blogs erstellt, in dem über die französische Sprache diskutiert wird. Für das Blog wird eine Sigle eingeführt, die einzelnen Beiträge nehmen diese Sigle auf und ergänzen sie um eine laufende Nummer. Da die Verfasser gleich bleiben, braucht für die einzelnen Beiträge im Blog nur der jeweilige Titel mit Tagesdatum angegeben zu werden:

LSP = Houdart, Olivier / Rousseau, Martine (2008): *Langue sauce piquante. Le blog des correcteurs du Monde.fr*. ‹http://correcteurs.blog.lemonde.fr› (14.12.2008).
LSP1 = 09.10.2008: «le Petit Robert fait sa révo d'octobre».
LSP2 = 10.10.2008: «C'est l'histoire de trois Petits Noirs».
LSP3 = 11.10.2008: «Paris brûle-t-elle?».

Im Text wird dann unter Verweis auf die Sigle aus den untersuchten Kapiteln zitiert.

(17)   Während Kritiker den *Petit Robert* auf Grund zahlreicher «doubles orthographes» in der aktuellen Auflage als «Terminator de la langue» bezeichnen, weisen die Autoren des Blogs darauf hin, dass auch in früheren Auflagen häufig alternative Schreibungen genannt wurden (LSP1).

8.1.2 Social Media

Wenn ein Arbeitskorpus aus einem Chat oder einem Diskussionsforum erstellt wird, werden alle erforderlichen Angaben genannt, während es im Text reicht, die einzelnen Beiträge mit Verfassernamen bzw. Nickname, Datum und ggf. Uhrzeit zu zitieren.

Für Beiträge aus Facebook® und Twitter® gilt das Prinzip, dass alle notwendigen Angaben zur Identifkation angegeben werden. Bei Twitter® ist die Nachprüfbarkeit grundsätzlich eingeschränkt, weil Tweets nur für eine begrenzte Zeit öffentlich verfügbar sind. Bei Social Media ist es angeraten, soweit verfügbar auch die Uhrzeit aufzunehmen, weil an einem Tag oft mehrere Beiträge gepostet werden. Der Aufbau der Zitation sieht vor, zuerst den Nutzernamen zu nennen, dann den Text aufzuführen, dann Datum und Uhrzeit anzugeben und schließlich die jeweilige Plattform zu nennen. Datum und Uhrzeit können formal vereinheitlicht werden.

Bastien Joseph (@BastienJoseph31): «Les deux premières idées qui tuent pour 2013 : La Virtureality et le Digitail. #Néologismes #LabCom», 21.01.2013, 8:37 PM, Tweet.
Amantes do idioma espanhol posted *to* Lengua Española: «visiten mi comunidad Amantes do idioma espanhol!!», 05.12.2012, Facebook.

Wenn aus Tweets oder Statusaktualisierungen auf Facebook® ein Arbeitskorpus zusammengestellt wird, können Siglen mit laufender Nummer zugewiesen werden, damit im Text kurz und eindeutig darauf verwiesen werden kann.

8.2 Anonymisierung

Bei Sprachaufnahmen und bei einigen Internetquellen kann die Frage der Anonymisierung relevant werden. Da Seminararbeiten nicht veröffentlicht werden, stellt sich dieses Problem allerdings selten, dennoch sollte die Problematik bekannt sein. Wenn Beiträge aus Facebook® zitiert werden, die aus nicht öffentlich zugänglichen Seiten stammen, müssen die Persönlichkeitsrechte der Autoren beachtet werden. Wenn also z. B. Code-Switching in Facebook-Gruppen untersucht wird, sollten zwar für die eigenen Unterlagen die Originalseiten gesichert werden, aber in der Dokumentation sollte anonymisiert werden. In diesem Fall wird zur Plattform ein Quellennachweis erstellt, die Beispiele werden dann aber in kodierter Form zitiert, indem alle Eigennamen durch Nummern oder Buchstabenfolgen ersetzt werden. Dies erfordert, dass zu Beginn der Korpuserstellung eine Liste angelegt wird, welche alle Eigennamen mit einer Kennung (z. B. «Inf.1», «Inf.2» usw.) verbindet.

Bei Sprachaufnahmen kann es erforderlich sein, die Audiodatei und das Transkript zu anonymisieren. Im Text geht dies durch in den Transkriptionskriterien zu verzeichnende Zeichen wie ***; in der Audiodatei kann mit entsprechender Software ein Geräusch über Stellen gelegt werden, in denen Eigennamen verwendet werden.

8.3 Sicherung der originalen Erscheinungsform

Primärdaten, aus denen ein Arbeitskorpus erstellt wird, sollten stets in der Form, in der sie zuerst aufgefunden wurden, gesichert werden. Erst in einem zweiten Schritt wird eine Kopie des Sprachmaterials für die Analyse aufbereitet. Bei Sprachaufnahmen heißt das, dass die erste Aufnahme erhalten bleibt und für die Korpuserstellung eine Kopie angefertigt wird, welche z. B. aus Gründen der Anonymisierung geschnitten werden kann. Bei Internettexten heißt das, dass zum einen die originale Darstellungsweise der Webseiten gesichert wird. Dafür gibt es spezielle (Freeware-)Programme, welche z. B. die einzelnen Seiten eines Frames sichern.[88] Außerdem ist es sinnvoll, die Seiten in eine PDF-Datei zu «drucken» (→ Kap. 3.2.3). Dadurch ist zum einen gewährleistet, dass die zum gewählten Zeitpunkt interessante Information vollständig erhalten bleibt, auf der anderen Seite wird so die Gefahr vermieden, dass mit dem Dokument gespeicherte Treiberdateien das Betriebssystem durcheinander bringen. Auch reduziert sich dadurch die Datenmenge. Es kann nützlich sein, beim Umwandeln oder «Drucken» in das PDF-Format das Querformat zu wählen. Wenn aus einem Chat mitgeschnitten wird, reicht es aus, zu Beginn der Analyse den Seitenaufbau in einem PDF-Dokument festzuhalten. Nach dem Speichern werden die Belege im Textformat gesichert und als Arbeitskorpus aufbereitet. Beim Verwenden von Filmausschnitten aus dem Internet sollte der Film mit einem geeigneten Freeware-Programm auf der eigenen Festplatte gespeichert werden. Elektronisch gesicherte Materialien sollten der jeweiligen Seminararbeit oder Qualifikationsschrift auf einem Datenträger beigegeben werden.

8.4 Aufbereitung und Annotation eines Arbeitskorpus

Wenn computerlesbare Texte für ein Arbeitskorpus aufbereitet werden, sollten diese Texte als «Textdaten» behandelt werden. Dies beinhaltet, dass alle Informationen, mit denen der Text angereichert wird, strukturiert und programmgestützt lesbar sind. Der Text als Untersuchungsgegenstand und Informationen zum Text (Formatierung, Metadaten und Annotationen) werden deutlich voneinander unterschieden; eine Hervorhebung sprachlicher Merkmale durch Kursivierung oder Farben in der Textverarbeitung ist für die programmgestützte Auswertung unbrauchbar.

Ein guter Test, ob der Text problemlos programmgestützt ausgewertet werden kann, besteht darin, die Datei im Nur-Text-Format (*.txt) abzuspeichern.[89] Dabei entfallen alle Kursivierungen und Sonderzeichen, die nur von der eigenen Textverarbeitung erkannt werden und in anderen Programmen entweder verloren gehen oder unleserlich sind. Wenn

---

[88] Aufzufinden durch die Suche nach «Webseiten speichern».
[89] Das Nur-Text-Format kann in unterschiedlichen Standards gespeichert werden und ermöglicht den Datenimport in viele Analyseprogramme.

beim Speichern im Nur-Text-Format Textinformationen verloren gehen, sollten diese Informationen für die Auswertung mit Analyseprogrammen in Form von Auszeichnungen umgesetzt werden; z. B. kann die Formatierung «kursiv» und «fett» (18) durch html-Tags ausgedrückt werden (19).

(18) **Dieser Text** ist mit vielen Programmen nicht *verlustfrei* lesbar.
(19) Dieser Text ist mit Analyseprogrammen <i>verlustfrei</i> lesbar.

Wie und was annotiert wird, muss ausführlich begründet und erläutert werden. Wenn z. B. die Realisation der Liaison in einer Sprachaufnahme untersucht werden soll, muss zuerst beschrieben werden, was genau daran interessant ist. Im Korpusprojekt PFC (2004ss.) wird eine Kodierung verwendet, welche erst die Silbenzahl des Wortes angibt, dessen Auslautkonsonant realisiert wird (*mot liaisonnant*), und dann die Art der Liaison. Diese beiden Merkmale werden in zwei aufeinanderfolgenden Zahlen wiedergegeben: an der ersten Position steht eine 1 (einsilbig) oder eine 2 (zwei- oder mehrsilbig), an der zweiten Position steht eine 0 (keine Liaison), eine 1 (Liaison mit Verschleifung), eine 2 (Liaison ohne Verschleifung), eine 3 (Unsicherheit) oder eine 4 (Liaison mit Einschub). In den Beispielen (20) und (21) weist also die Zahlenkombination nach *les* darauf hin, dass das einsilbiges Wort durch eine *liaison enchaînée* mit dem folgenden verbunden ist.[90] Diese Auszeichnung ist computerlesbar und kann weitergehend programmgestützt analysiert werden.

(20) *les11 amis* für [lezami]
(21) *beaucoup20 à voir* für [bokuavwar]

Arbeitsaufgaben zu Kapitel 8

1. Besuchen Sie die Seite einer großen Tageszeitung, die in der von Ihnen studierten Sprache verfasst ist. Erstellen Sie ein Arbeitskorpus von fünf tagesaktuellen Artikeln aus unterschiedlichen Rubriken (Politik, Sport, Kultur usw.). Erstellen Sie zunächst zu jedem Artikel einen bibliographischen Eintrag (mit Internetadresse) und weisen Sie eine Sigle zu (z. B. LM1 für den ersten Artikel aus *Le Monde*), erzeugen Sie dann eine PDF-Datei des Artikels, welche Sie unter dem Namen der Sigle abspeichern. Kopieren Sie schließlich den Text des Artikels in eine Textdatei, die Sie ebenfalls unter dem Namen der Sigle abspeichern.
2. Öffnen Sie das Textdokument und bereinigen Sie es so, dass nur der sprachlich interessante Text übrig bleibt; andere Textbestandteile wie Werbung und Hyperlinks werden entfernt. Versuchen Sie, dieses Verfahren zu automatisieren.
3. Erstellen Sie zu jedem Artikel eine Konkordanz der häufigsten Relativpronomina. Vergleichen Sie die Vorkommen der Relativpronomina in den fünf untersuchten Texten.

---

[90] Die Beispiele stammen aus Durand / Laks / Lyche (2002).

3. Erstellen Sie zu jedem Artikel eine Konkordanz der häufigsten Relativpronomina. Vergleichen Sie die Vorkommen der Relativpronomina in den fünf untersuchten Texten.

9 Bibliographie: Sekundärliteratur, Programme, Korpora

9.1 Methodische Einführungen

Albert, Ruth / Koster, Cor J. (2002): *Empirie in Linguistik und Sprachlehrforschung. Ein methodologisches Arbeitsbuch*. Tübingen: Narr.
Backhaus, Klaus, et al. (eds., 2006): *Multivariate Analysemethoden. Eine anwendungsorientierte Einführung*. Berlin / Heidelberg / New York: Springer.
Dittmar, Norbert (2002): *Transkription: ein Leitfaden mit Aufgaben für Studenten, Forscher und Laien*. Opladen: Leske + Budrich.
Gibaldi, Joseph (2008): *MLA handbook for writers of research papers*. New York: The Modern Language Association of America.
Gries, Stefan Thomas (2008): *Statistik für Sprachwissenschaftler*. Göttingen: Vandenhoeck & Ruprecht.
Hollender, Ulrike (2012): *Erfolgreich recherchieren – Romanistik*. München: De Gruyter Saur.
Hausser, Roland (2000): *Grundlagen der Computerlinguistik*. Berlin: Springer.
Lemnitzer, Lothar / Zinsmeister, Heike (eds., 2006): *Korpuslinguistik. Eine Einführung*. Tübingen: Narr.
Meindl, Claudia (2011): *Methodik für Linguisten. Eine Einführung in Statistik und Versuchsplanung*. Tübingen: Narr Francke Attempto.
Rothstein, Björn (2011): *Wissenschaftliches Arbeiten für Linguisten*. Tübingen: Narr.
Tagliamonte, Sali A. (2006): *Analysing Sociolinguistic Variation*. Cambridge: Cambridge University Press.
Werder, Lutz von (1995): *Rhetorik des wissenschaftlichen Redens und Schreibens*. Berlin: Schibri.

9.2 Programme und Ressourcen

EXMARaLDA = *Extensible Markup Language for Discourse Annotation* [2013], Universität Hamburg / Institut für Deutsche Sprache Mannheim. ‹http://www.exmaralda.org› (02.02.2013); Referenz: Schmidt, Thomas / Wörner, Kai (2009): «EXMARaLDA – Creating, analysing and sharing spoken language corpora for pragmatic research». *Pragmatics* 19, 565–582.
GAIS = Institut für deutsche Sprache Mannheim (2001ss.): *Gesprächsanalytisches Informationssystem*. Institut für Deutsche Sprache.
  ‹http://prowiki.ids-mannheim.de/bin/view/GAIS› (19.09.2012).
IPA = SIL Internatinal (2012): *IPA Transcription with SIL Fonts*.
  ‹http://scripts.sil.org/cms/scripts/page.php?site_id=nrsi&id=IPAhome› (10.01.2013).
LaTeX = LaTeX3 Project Team (2010): *A Document Preparation System*.
  ‹http://www.latex-project.org› (19.09.2012).
PRAAT = Boersma, Paul / Weenink, David (2006): *Praat. Doing Phonetics by Computer*. Universiteit van Amsterdam (Capaciteitsgroep Taalwetenschap). ‹http://www.praat.org› (19.09.2012).
Prosogram = Mertens, Piet (2011): *Prosogram v2.9 The Transcription of Prosody*. KU Leuven.
  ‹http://bach.arts.kuleuven.be/pmertens/prosogram› (05.02.2013).
R = R Development Core Team (2008): *R: A Language and Environment for Statistical Computing (R 2.7.1)*. R Foundation for Statistical Computing. ‹http://www.r-project.org› (19.09.2012).

SAMPA = *Speech Assessment Methods Phonetic Alphabet* (1999–2011). University College London (Department of Phonetics and Linguistics).
⟨http://www.phon.ucl.ac.uk/home/sampa/index.html⟩ (19.09.2012).
SCP = Reed, Alan (1997–2012): *Simple Concordance Program 4.0.9.* Textworld.
⟨http://www.textworld.com/scp⟩ (19.01.2012).
TEI = Text Encoding Initiative (2004): *The XML Version of the TEI Guidelines.* TEI Consortium.
⟨http://www.tei-c.org⟩ (19.09.2012).
ToBI = *Tones and Breakes Indices* (1999). The Ohio State University Department of Linguistics.
⟨http://www.ling.ohio-state.edu/~tobi⟩ (02.02.2013).
TRANSCRIBER = *TranscriberAG a tool for segmenting, labeling and transcribing speech* (2011). DGA. ⟨http://transag.sourceforge.net⟩ (03.02.2013).
TreeTagger = Schmid, Helmut (2008): *TreeTagger – a language independent part-of-speech tagger.* Universität Stuttgart, Institute for Computational Linguistics.
⟨http://www.ims.uni-stuttgart.de/projekte/corplex/TreeTagger⟩ (19.09.2012).
UCD = Unicode Consortium (1991–2013): *The Unicode Character Database.*
⟨http://www.unicode.org/ucd⟩ (04.01.2013).
WordSmith = Scott, Mark (2008): *WordSmith Tools 5.0.* Lexikal Analysis Software Ltd.
⟨http://www.lexically.net/wordsmith/version5/index.html⟩ (19.09.2012).
XML = *Extensible Markup Language* (1996–2003). W3C. ⟨http://www.w3.org/XML⟩ (08.02.2013).

9.3 Korpora und Datenbanken[91]

BADIP = *Banca dati dell'italiano parlato* (2008). Karl-Franzens-Universität Graz / Language Server.
⟨http://languageserver.uni-graz.at/badip⟩ (19.09.2012).
BNC = *The British National Corpus, version 3 (XML Edition)* (2007). University of Oxford (Computing Services) / BNC Consortium. ⟨http://www.natcorp.ox.ac.uk⟩ (19.09.2012).
CIEL-f = Corpus international écologique de la langue française (2009–2012). Lyon / Paris / Freiburg / Halle / Louvain. ⟨http://www.ciel-f.org/⟩ (24.03.2013).
CLAPI = Balthazar, Lukas, et al. (2007): *Corpus de langues parlées en interaction.* Université de Lyon. ⟨http://clapi.univ-lyon2.fr⟩ (19.09.2012).
C-ORAL-ROM = Cresti, Emanuela / Moneglia, Massimo (eds., 2005): *C-Oral-Rom: integrated reference corpora for spoken Romance languages.* Amsterdam: Benjamins.
CREA = Real Academia Espanõla (ed., 2008): *Banco de datos (en línea). Corpus de referencia del español actual.* ⟨http://www.rae.es⟩ (19.09.2012).
Frantext (1992): *Base textuelle Frantext.* ATILF-CNRS / Université de Nancy.
⟨http://www.frantext.fr⟩ (19.09.2012).
PFC = Durand, Jacques / Laks, Bernard / Lyche, Chantal (eds., 2004ss.): Phonologie du Français Contemporain. Base de données sur le français oral contemporain dans l'espace francophone. Paris / Nanterre: MoDyCo.
OVI = *Opera del Vocabolario Italiano* (1998ss.). Istituto Opera del Vocabolario Italiano Firenze / Consiglio Nazionale delle Ricerche. ⟨http://www.ovi.cnr.it⟩ (19.09.2012).

---

[91] Die Auswahl erfolgte nach der Zitation im Text. An dieser Stelle ist keine vollständige Auflistung aller romanischen Korpora möglich oder beabsichtigt.

9.4 Zitierte Titel

Aristoteles (2002): *Rhetorik*. Übersetzt und erläutert von Christof Rapp. Flashar, Hellmut (ed.): *Aristoteles: Werke in deutscher Übersetzung*. Vol. 4.2. Berlin: Akademie-Verlag.

Auer, Peter / Baßler, Harald (2007): «Der Stil der Wissenschaft». Auer, Peter / Baßler, Harald (eds.): *Reden und Schreiben in der Wissenschaft*. Frankfurt am Main: Campus, 9–29.

Baayen, R. Harald (2005): «Word Frequency Distributions». HSK 27, 396–409.

Barbera, Manuel / Corino, Elisa / Onesti, Cristina (eds., 2007): *Corpora e linguistica in rete*. Perugia: Guerra.

Baroni, Marco, et al. (2009): «The WaCky Wide Web: A Collection of Very Large Linguistically Processed Web-Crawled Corpora». *Language Resources and Evaluation* 43, 209–226.

Baude, Olivier (2006): *Corpus Oraux. Guide des bonnes pratiques*. Orléans: Presses Universitaires d'Orléans / CNRS Éditions.

Beaugrande, Robert-Alain de / Dressler, Wolfgang (eds., 1981): *Einführung in die Textlinguistik*. Tübingen: Niemeyer.

Beißwenger, Michael (ed., 2008): *Dortmunder Chatkorpus*. Universität Dortmund (Institut für deutsche Sprache und Literatur). ⟨http://www.chatkorpus.uni-dortmund.de⟩ (19.09.2012).

Bergenholtz, Henning / Mugdan, Joachim (1989): «Korpusproblematik in der Computerlinguistik: Konstruktionsprinzipien und Repräsentativität». HSK 4, 141–149.

Bernhard, Gerald (1998): *Das Romanesco des ausgehenden 20. Jahrhunderts. Variationslinguistische Untersuchungen*. Tübingen: Niemeyer.

BVPH = *Biblioteca Virtual de Prensa Histórica* ([2013]):. Madrid: Ministerio de Educación, Cultura y Deporte. ⟨http://prensahistorica.mcu.es⟩ (20.01.2013).

Bilger, Mireille (1996): «Corpus de Portugais et d'Espagnol». *Recherches sur le français parlé* 1/2, 124–130.

Blanchet, Alain (1997): *Dire et faire dire. L'entretien*. Paris: Colin.

Blank, Andreas (2001): *Einführung in die lexikalische Semantik für Romanisten*. Tübingen: Niemeyer.

Brandt, Ahasver von (2012): *Werkzeug des Historikers. Eine Einführung in die historischen Hilfswissenschaften*. Stuttgart: Kohlhammer.

Bres, Jacques (1999): «L'entretien et ses techniques». Calvet, Louis-Jean / Dumont, Pierre (eds.): *L'enquête sociolinguistique*. Paris: Harmattan, 61–76.

Bußmann, Hadumod (2008): *Lexikon der Sprachwissenschaft*. Stuttgart: Kröner.

Catach, Nina (1968): *L'orthographe française à l'époque de la Renaissance. (Auteurs-imprimeurs-ateliers d'imprimerie)*. Genève: PUF.

Cerquiglini, Bernard (1989): *Éloge de la variante. Histoire critique de la philologie*. Paris: Seuil.

Chiari, Isabella (2007): *Introduzione alla linguistica computazionale*. Bari: Laterza.

Chiari, Isabella (2012): «Corpora e risorse linguistiche per l'italiano Stato dell'arte, problemi e prospettive». *Italienisch* 2/68, 90–105.

Chomsky, Noam (1965): *Aspects of the Theory of Syntax*. Cambridge (MA): MIT Press.

Corpora-List = Hofland, Knut (ed., 2007): *Corpora Mailinglist*. Universitetet i Bergen. ⟨http://mailman.uib.no/listinfo/corpora⟩ (19.09.2012).

Deumert, Ana (2004): *Language Standardization and Language Change. The dynamics of Cape Dutch*. Amsterdam / Philadelphia: Benjamins.

DFG = Deutsche Forschungsgemeinschaft (1998): *Sicherung guter wissenschaftlicher Praxis. Safeguarding Good Scientific Practice. Denkschrift*. ⟨http://www.dfg.de/aktuelles_presse/reden_stellungnahmen/download/empfehlung_wiss_praxis_0198.pdf⟩ (19.09.2012).

DHV = Deutscher Hochschulverband (2012): *Gute wissenschaftliche Praxis für das Verfassen wissenschaftlicher Qualifikationsarbeiten. Gemeinsames Positionspapier des Allgemeinen Fakultätentags (AFT), der Fakultätentage und des Deutschen Hochschulverbands (DHV) vom 9. Juli 2012*. Bonn: DHV.
⟨http://www.hochschulverband.de/cms1/fileadmin/redaktion/download/pdf/resolutionen/Gute_wiss._Praxis_Fakultaetentage.pdf⟩ (02.01.2013).

Dimmendaal, Gerrit J. (2001): «Places and People: filed sites and informants». Newman, Paul / Ratliff, Martha (eds.): *Linguistic fieldwork*. Cambridge: Cambridge University Press, 55–73.

Dossier Corpus (1996): *Corpus – de leur constitution à leur exploitation*. Sonderheft der *Revue française de linguistique appliquée* 1/2.

Dossier Corpus (1999): Dossier: *Grands Corpus: diversité des objectifs, variété des approches*. Sonderheft der *Revue française de linguistique appliquée* 4/1.

Duden = Dudenredaktion (ed., 1996): *Duden Rechtschreibung der deutschen Sprache. Auf der Grundlage der neuen amtlichen Rechtschreibregeln*. Mannheim et al.: Dudenverlag.

Dunning, Ted (1993): «Accurate Methods for the Statistics of Surprise». *Computational Linguistics* 19, 61–74.

Durand, Jacques / Laks, Bernard / Lyche, Chantal (2002): «Directions d'analyse». *Bulletin PFC* 1, 35–70.

El País (2008): *Libro de estilo*. Madrid: Santillana / El País.

EZB = *Elektronische Zeitschriftenbibliothek* (2013). Unversitätsbibliothek Regensburg. ⟨http://ezb.uni-regensburg.de⟩ (10.01.2013).

Featherston, Sam (2006): «Experimentell erhobene Grammatikalitätsurteile und ihre Bedeutung für die Syntaxtheorie». Kallmeyer, Werner / Zifonun, Gisela (eds.): *Sprachkorpora – Datenmengen und Erkenntnisfortschritt*. Berlin: de Gruyter, 49–69.

Finegan, Edward / Biber, Douglas (2001): «Register Variation and Dialect Variation: the Register Axiom». Eckert, Penelope / Rickford, John R. (eds.): *Style and sociolinguistic variation*. Cambridge et al.: Cambridge University Press, 235–267.

Frank-Job, Barbara (2001): «Schrifttypen und Paläographie». Holtus, Günter / Metzeltin, Michael / Schmitt, Christian (eds.): *Lexikon der Romanistischen Linguistik (LRL I,2). Methodologie (Sprache in der Gesellschaft / Sprache und Klassifikation / Datensammlung und -verarbeitung)*. Tübingen: Niemeyer, 771–793.

Gabriel, Christoph (2007): *Fokus im Spannungsfeld von Phonologie und Syntax. Eine Studie zum Spanischen*. Frankfurt: Vervuert.

Gabriel, Christoph / Lleó, Conxita (ed., 2011): *Intonational phrasing in Romance and Germanic. Cross-linguistic and bilingual studies*. Amsterdam: Benjamins.

Gallica = *Gallica. La bibliothèque numérique* ([2012]). Paris: BNF. ⟨http://gallica.bnf.fr⟩ (19.09.2012).

Gerstenberg, Annette (2004): *Thomaso Porcacchis ⟨L'isole piu famose del mondo⟩. Zur Text- und Wortgeschichte der Geographie im Cinquecento (mit Teiledition)*. Tübingen: Niemeyer.

Glessgen, Martin-Dietrich / Kopp, Matthias (2005): «Linguistic Annotation of Texts in Non-standardized Languages: the program procedures of the tool ⟨Phoenix⟩». Pusch, Claus D. / Kabatek, Johannes / Raible, Wolfgang (eds.): *Romanistische Korpuslinguistik II: Romance Corpus Linguistics II. Korpora und diachrone Sprachwissenschaft: Corpora and Diachronic Linguistics*. Tübingen: Narr, 146–154.

Grafton, Anthony (1997): *The Footnote. A curious history*. Cambridge (MA): Harvard University Press.

Gülich, Elisabeth / Mondada, Lorenza (2008): *Konversationsanalyse: eine Einführung am Beispiel des Französischen*. Tübingen: Niemeyer.

Habert, Benoît / Nazarenko, Adeline / Salem, André (eds., 1997): *Les linguistiques de corpus*. Paris: Colin.

Heinemann, Margot (2000): «Textsorten des Bereichs Hochschule und Wissenschaft». HSK 16.1, 702–709.
Hermanns, Harry (2005): «Interviewen als Tätigkeit». Flick, Uwe / Kardorff, Ernst von / Steinke, Ines (eds.): *Qualitative Forschung. Ein Handbuch*. Reinbek bei Hamburg: Rowohlt, 360–368.
HSK 3.2 = Ammon, Ulrich, et al. (eds., 2005): Sociolinguistics. An International Handbook of the Science of Language and Society. Berlin / New York: de Gruyter.
HSK 23.1 = Ernst, Gerhard, et al. (eds., 2003): Romanische Sprachgeschichte. Ein internationales Handbuch zur Geschichte der romanischen Sprachen. Berlin / New York: de Gruyter.
HSK 27 = Köhler, Reinhard / Altmann, Gabriel / Piotrowski, Rajmund G. (eds., 2005): *Quantitative Linguistics. An International Handbook*. Berlin / New York: de Gruyter.
HSK 29.1 = Lüdeling, Anke / Kytö, Merja (eds., 2008): *Corpus Linguistics. An International Handbook*. Berlin / New York: de Gruyter.
ItWaC = Baroni, Marco (2008): «ItWaC – Italian Web Corpus». Kilgarriff, Adam / Rychlý, Pavel / Pomikálek, Jan (eds.): *SketchEngine*. ⟨http://trac.sketchengine.co.uk/wiki/Corpora/ItWaC⟩ (07.02.2013).
Jakobs, Eva-Maria (1999): *Textvernetzung in den Wissenschaften: Zitat und Verweis als Ergebnis rezeptiven, reproduktiven und produktiven Handelns*. Tübingen: Niemeyer.
Jakobson, Roman (1971): «Linguistik und Poetik». Ihwe, Jens (ed.): *Literaturwissenschaft und Linguistik. Ergebnisse und Perspektiven. Vol. II/1*. München: Athenäum, 512–548.
Juska-Bacher, Britta (2006): «Phraseologische Befragungen und ihre statistische Auswertung». *Linguistik Online* 27, 1–19.
Kallmeyer, Werner (2005): «Qualitative Methods / Qualitative Methoden». HSK 3.2, 978–992.
Keseling, Gisbert (2003): «Schreibblockaden überwinden». Franck, Norbert / Stary, Joachim (eds.): *Die Technik wissenschaftlichen Arbeitens*. Paderborn: Schöningh / UTB, 197–222.
Kilgarriff, Adam (2007): «Googleology is Bad Science». *Computational Linguistics* 1/33, 147–151.
Kilgarriff, Adam / Grefenstette, Adam (2003): «Web as Corpus». *Computational Linguistics* 3/29, 1–15.
Koch, Peter / Oesterreicher, Wulf (2011): *Gesprochene Sprache in der Romania. Französisch, Italienisch, Spanisch*. Berlin: de Gruyter.
Kürschner, Wilfried (2007): *Taschenbuch Linguistik. Ein Studienbegleiter für Germanisten*. Berlin: Erich Schmidt.
Labov, William (1972): «The Study of Language in its Social Context». Pride, John Bernard / Holmes, Janet (eds.): *Sociolinguistics. Selected readings*. Harmondsworth: Penguin Books, 180–202.
Lassert, Ursula (1982): *Bildgeschichten für die Sekundarstufe I: Kopiervorlagen*. Hamburg / Horneburg Niederelbe: Siegrid Persen.
Lehmann, Christian (2004): «Data in Linguistics». *The Linguistic Review* 21, 175–210.
Lenz, Alexandra N. (2006): «Clustering Linguistic Behaviour on the Basis of Linguistic Variation Methods». Filppula, Markku / Klemola, Juhani / Palander, Marjatta / Pentilä, Esa (eds.): *Topics in Dialectal Variation*. Joensuu: Joensuun Yliopisto, 69–98.
LexMA (1977–1999): *Lexikon des Mittelalters online*. Stuttgart: Metzler.
Linke, Angelika, et al. (2001): *Studienbuch Linguistik*. Tübingen: Niemeyer.
LRL = Holtus, Günter / Metzeltin, Michael / Schmitt, Christian (eds., 1988–2005): *Lexikon der romanistischen Linguistik*. Tübingen: Niemeyer.
Mangold, Max (2005): *Duden. Das Aussprachewörterbuch*. Mannheim: Dudenverlag.
Maraschio, Nicoletta (1993): «Grafia e ortografia: evoluzione e codificazione». Serianni, Luca / Trifone, Pietro (eds.): *Storia della lingua italiana. Vol. 1: I luoghi della codificazione*. Torino: Einaudi, 139–230.
Mayer, Mercer (1980): *Frog, where are you?* New York: Puffin Books.
Ménard, Philippe (2003): «Histoire des langues romanes et philologie textuelle». HSK 23.1, 62–71.

MLA (2013): *International Bibliography of the Modern Language Association of America*. New York: MLA. ‹http://www.mla.org/bibliography› (06.02.2013).

Preston, Dennis (2004): «Language with an Attitude». Chambers, J. K. / Trudgill, Peter / Schilling-Estes, Natalie (eds.): *The Handbook of Language Variation and Change*. Malden (MA) / Oxford (UK) / Carlton (Australia): Blackwell, 40–66.

Pusch, Claus (2000ss.): *corpora-romanica.net. WWW-Seiten der Freiburger Arbeitstagung zur Romanistischen Korpuslinguistik*. Albert-Ludwigs-Universität Freiburg (Romanisches Seminar). ‹http://www.corpora-romanica.net› (19.09.2012).

Rieble, Volker (2010): *Das Wissenschaftsplagiat. Vom Versagen eines Systems*. Frankfurt am Main: V. Klostermann.

Rietveld, Toni / van Hout, Roeland (2005): «Quantitative Methods. Quantitative Methoden». HSK 3.2, 965–978.

Romanistik.de. Internetseiten der deutschsprachigen Romanistik (1999ss.). Romanistik.de e.V. ‹http://www.romanistik.de› (19.09.2012).

Runkehl, Jens / Schlobinski, Peter / Siever, Torsten (eds., 1998–2007): *Mediensprache*. Universität Hannover (Deutsches Seminar). ‹http://www.mediensprache.net› (19.09.2012).

Runkehl, Jens / Torsten Siever (eds., 2001): *Das Zitat im Internet. Ein Electronic Style Guide zum Publizieren, Bibliografieren und Zitieren*. Hannover: revonnah.

Sachs, Lothar / Hedderich, Jürgen (eds., 2006): *Angewandte Statistik*. Berlin: Springer.

Saussure, Ferdinand de (2002): *Écrits de linguistique générale*. Texte établi et édité par Simon Bouquet et Rudolf Engler. Paris: Gallimard.

Schlieben-Lange, Brigitte (1991): *Soziolinguistik. Eine Einführung*. Stuttgart / Berlin / Köln: Kohlhammer.

Schmid, Helmut (2008): «Tokenizing and part-of-speech tagging». HSK 29.1, 527–551.

Schröder, Werner (1998): «Editionsprinzipien für deutsche Texte des Früh- und Hochmittelalters». HSK 2.1, 914–923.

Schütze, Carson T. (1996): *The Empirical Base of Linguistics. Grammaticality judgments and linguistic methodology*. Chicago / London: University of Chicago Press.

Schwartz, Randal L., et al. (2005): *Einführung in Perl. [behandelt Perl 5.8]*. Beijing: O'Reilly.

Segre, Cesare (2001): «Tipologia dell'edizione testuale». Holtus, Günter / Metzeltin, Michael / Schmitt, Christian (eds.): Lexikon der Romanistischen Linguistik (LRL I,2). Methodologie (Sprache in der Gesellschaft / Sprache und Klassifikation / Datensammlung und -verarbeitung). LRL I,2. Tübingen: Niemeyer, 937–943.

Sinner, Carsten (2004): *El castellano de Cataluña. Estudio empírico de aspectos léxicos, morfosintácticos, pragmáticos y metalingüísticos*. Tübingen: Niemeyer.

Stede, Manfred (2007): *Korpusgestützte Textanalyse. Grundzüge der Ebenen-orientierten Textlinguistik*. Tübingen: Narr.

Stein, Achim (2008): *Part of Speech Tagging, Corpus Tools*. Universität Stuttgart, Institut für Linguistik / Romanistik. ‹http://www.ims.uni-stuttgart.de/projekte/corplex/TreeTagger› (19.09.2012).

Storjohann, Petra (2005): «Sinnrelationen in Wörterbüchern – Neue Ansätze und Perspektiven». *ELiSe: Essener Linguistische Skripte_elektronisch* 2/5, 35–61.

Svartvik, Jan (1992): «Corpus Linguistics Comes of Age». Svartvik, Jan (ed.): *Directions in Corpus Linguistics. Proceedings of Nobel Symposium 82 (Stockholm, 4–8 August 1991)*. Berlin / New York: de Gruyter, 7–13.

Taddei Gheiler, Franca (2005): *La lingua degli anziani*. Locarno: Osservatorio linguistico della Svizzera italiana.

Thibault, Pierrette (1979): «Présentation». Thibault, Pierrette (ed.): *Le français parlé. Études sociolinguistiques*. Amsterdam: Linguistic Research, 1–12.

Tognini-Bonelli, Elena (2001): *Corpus Linguistics at Work*. Amsterdam: Benjamins.

Wanning, Frank (1996): *Internationale Typographie und wissenschaftliche Textverarbeitung. Normen und Regeln wissenschaftlicher Arbeiten in Deutschland und Frankreich*. Frankfurt am Main: Haag und Herchen.
Web of Knowledge (2013). New York: Thomson Reuters. ‹http://wokinfo.com› (07.02.2013).
Weinrich, Harald (2006): «Formen der Wissenschaftssprache». Weinrich, Harald (ed.): *Sprache, das heißt Sprachen*. Tübingen: Narr, 221–252.
Weißkopf, Ralf (1994): *System und Entwicklung der spanischen Orthographie*. Wilhelmsfeld: Egert.
Wheeler, Eric S. (2005): «Multidimensional Scaling for Linguistics». HSK 27, 548–553.
Williams, Geoffrey (ed., 2005): *La linguistique de corpus*. Rennes: Presses Universitaires de Rennes.
Wimmer, Gejza (2005): «The Type-Token Relation». HSK 27, 361–368.
ZDB = (1998–2009): *Zeitschriftendatenbank*. Staatsbibliothek zu Berlin / Deutsche Nationalbibliothek / OCLC Pica. ‹http://dispatch.opac.d-nb.de› (19.09.2012).

Register

Abfragedatum 65, 66, 67
Abkürzungen 36
Absatzformate 37
Abschreiben 19
Abschreibfehler 77
Abstract 20
Adelsprädikat 53
Akzent 116
Alter Druck 56, 76
Analyseprogramme 24
Analyseschema 23
Anführungszeichen 35
Anhang 26
Annotation 86, 122
anwendungsneutrale Datenhaltung 52
Arbeitsbibliographie 17
Arbeitskorpus 119
Argumentation 24
Artikel 56
Aufgabenstellungen 103
Auflage 54
Aufnahmequalität 104
Aufsatz 56, 59, 62
Auslassungen 29
außersprachlicher Kontext 22
Autograph 72
Autor 73
Autorisierung 109
Beispielsammlung 16
Beitrag 56, 57
Besprechungen 62
Bewerten 27
Bibliographie 26, 43
Bibliothekskatalog 46
CD-ROM 69
Clusteranalyse 98
Computerlinguistik 85
corpus-based 84
corpus-driven 85

Datenformat 87
Diakritika 36
Digitalisat 45
Diplomatische Edition 74
Diskriminanzanalyse 98
Dynamik 116
E-Book 69
Edition 56
Editionsphilologie 72
Editor 84
Einführungsdarstellung 42
elizitiert 86, 102
emendatio 75
Enzyklopädisches Wissen 50
Erstellungsdatum 65
examinatio 75
Experiment 104
Exzerpieren 18
Fachdatenbank 47
Fachsprachlichkeit 27
Fachwörterbuch 57
Faksimile-Edition 74
Faktorenanalyse 98
Festschrift 57
Folien-Präsentation 14
Formatierung 122
Formatvorlage 37
Forschungsstand 21
Fragebögen 103
Fragebogen zur Person 108
Fragestellung 8, 21, 101
Frequenzliste 89
Fußnoten 32
Gliederung 16, 20
Gliederungsebenen 20
Glossar 80
Grammatik 24, 58, 70
Grammatikalitätsurteile 104
Graph 96

Graphem 79
Graphischer Latinismus 79
Guillemets 34
Handbuch 42, 57, 59
Handout 16
Histogramm 96
HSK 59
Hypertext 66
Ich-Verbot 27
Indikator 23
Inschrift 77
Interjektionen 116
Internetdokumente 65
Internettexte 48
Interpunktion 79
Intervallskala 96
Interview 103, 110
Intonation 116
ipa 36, 114
judgement 104
Kapitälchen 14, 33
Karte 76
kategoriale Skalen 96
Kommentar 80
Kongressakten 60
Konkordanz 91
Kontamination 77
Kopieren 19
Kopist 73
Korpora 66
Korpus 83
Korpuslinguistik 84
Korrekturpause 8
Korrelation 97
Kreisdiagramm 96
Kritische Edition 74
kursiv 33, 34, 53
Kürzen 38
KWIC 91
Längung 116
Leithandschrift 75
Lemma 63, 80, 91

Leseausgabe 74
Lesedurchgang 39
Listen 37
Literaturdatenbank 51
Literaturverwaltung 18, 19
Literaturverweis 28
Literaturverzeichnis 16, 26
LRL 59
Manuskript 56, 68, 76
Materialbasis 85
Median 97
mehrgliedrige Ausdrücke 89
Meinung 25
Merkmalsausprägung 94
Metadaten 83, 122
Metasprache 33
metrische Skalen 96
Mikrofiche 68
Mikrofilm 68
Mikrophon 105
Mindmapping 18
Miszelle 60
Mittelwert 97
Monographie 61
Multidimensionale Skalierung 99
Multimodale Korpora 83
Nachprüfbarkeit 28
native speakers 104
Nominalskala 96
Normalverteilung 96
Nur-Text-Format 123
Objektivität 27
Objektsprache 33
Operationalisierung 23, 101
Ordinalskala 96
Originalausgabe 54
Parser 92
Partiturschreibweise 116
Pausen 115
Peer-Review 62, 63
Periodika 61
Plot 96

Polymorphie 79
Portable-Document-Format, pdf 14, 69, 122
PowerPoint 14
Präsentation 12
Pré-Enquête 105
Preprint 45
Proceedings 60
Programm 66
Protokoll 108
Quantifizierbarkeit 94
Rahmenbedingungen 12
recensio 75
Referat 12
Referenzkorpus 83
Register 76
Regressionsanalyse 98
Reguläre Ausdrücke 88
Rezensionen 62
Sammelband 57
Sampa 114
Schlagwortsuche 46
Schreibblockaden 6
Schreiber 73
Schriftenverzeichnis 45
Screenshot 36
Scripta 78
Scriptorium 73
Sekundärliteratur 102
selbstständige Publikation 55
Semantik 34
Sigle 55, 63, 69, 120
Siglen 26
Sitzordnung 110
Skalen 95
Social Media 68
Spatium 53
Sprachatlanten 62
Sprachaufnahme 101
Sprachbeispiel 33
Sprachdaten 10, 94
Sprachmaterial 22, 119
Sprechtempo 116

Stammbaum 75
Standortbestimmung 25
Statistikprogramm 95
Stemma 75
Stichprobe 106
Stichwortsuche 46
Stimulus 104
Stressreaktion 12
Stringenz 38
Studienausgabe 74
Suchmaschine 93
Tag 87
Teilnehmende Beobachtung 102
Terminologie 21
Texteditor 88
Textklassifikation 83, 93
Textkritischer Apparat 80
Textsorten, wissenschaftliche 56
Thesenpapier 16
ToBI 117
Token 89
Tokenizing 89
Transkription 79, 112
   Prosodie 113
Transkriptionskriterien 112
Transkriptionsprogramm 117
TreeTagger 92
Type-Token-Quotient 89
Typographie 79
Typoskript 68
Übersetzung 54
unselbstständige Publikation 55
Urheberschaft 72
Urkunde 76
URL 64, 66
Variante 77
Varianzanalyse 98
Verdeckte Aufnahme 102
Verhältnisskala 96
Verlagsnamen 54
Vortragsrealisation 15
Vortragssituation 12

Wiederholungen 115
Wikipedia 49
Wortabbruch 115
Wortabstände 79
Wörterbuch 24, 63, 70
Wortform 89
WYSIWYG 36, 52

xml 87
XML 11
Zeitschrift 47, 64
Zeitschriftendatenbank 64
Zitieren aus zweiter Hand 30
Zitierfähigkeit 47
Zusammenfassen 19

11 Anhang

11.1 Sonderzeichen mit ASCII und UNICODE

Zeichen	Code
ă	Alt + 259
Ă	Alt + 258
ã	Alt + 198
Ã	Alt + 199
ç	Alt + 135
Ç	Alt + 128
ë	Alt + 137
Ë	Alt + 211
ï	Alt + 139
Ï	Alt + 216
ñ	Alt + 164
Ñ	Alt + 165
õ	Alt + 228
Õ	Alt + 229
œ	Alt + 0156
Œ	Alt + 0140
ş	Alt + 351
Ş	Alt + 350
ţ	Alt + 355
Ţ	Alt + 354

Zeichen	Code	Beispiel
«	Alt + 0171	Zitat
»	Alt + 0187	Zitat
‹	Alt + 0139	Zitat im Zitat
›	Alt + 0155	Zitat im Zitat
'	Alt + 0145	Bedeutungsangabe
'	Alt + 0146	Bedeutungsangabe
¿	Alt + 168	span: Einleitung einer Frage (span.)
¡	Alt + 0161	Einleitung eines Ausrufs (span.)
–	Alt + 0150	Halbgeviert- bzw. Gedankenstrich, von–bis bei Zahlen

11.2 Bedeutung deutscher und lateinischer Abkürzungen

dt.	lat. (engl.)	Bedeutung
a. a. O.	op. cit.	opus citatum 'am angegebenen Ort'
Bd. bzw. Bde	vol. bzw. voll. (vols.)	volumen bzw. volumina 'Band' bzw. 'Bände'
ders. bzw. dies.	id. bzw. ead., iid.	idem 'derselbe' bzw. 'dieselbe' (d. h. Autor/Autorin), 'dieselben'
ebd.	ib. / ibd.	ibidem 'ebenda' (wenn sich die bibliographische Angabe wiederholt)
f.	s.	sequens 'folgende Seite'
ff.	ss.	sequentes 'folgende Seiten'
Hg. bzw. Hgg.	ed. bzw. edd. / eds.	edidit '(er/sie) gab heraus' / ediderunt 'sie gaben heraus' oder editor bzw. editores 'Herausgeber'
d. h.	i. e.	id est 'das heißt'
o. J.	s. a.	sine anno 'ohne Jahresangabe'
o. O.	s. l.	sine loco 'ohne Ortsangabe'
s.	v.	vedi 'siehe'
S.	p. bzw. pp.	pagina 'Seite', paginae 'Seiten'
s. o.	cf. / cfr. supra	confer supra 'vergleiche/siehe oben'
s. u.	cf. / cfr. infra	confer infra 'vergleiche/siehe unten'
	s. v.	sub voce/sotto la voce (Verweis auf einen Lexikonartikel unter dem zitierten Lemma)
vgl.	cf. bzw. cfr.	confer 'vergleiche'